완전하신 왕, 예수 그리스도 안에 있습니다.

The Gospel Project for **Adults** is published quarterly by LifeWay Christian Resources,
One LifeWay Plaza, Nashville, TN 37234, Thom S. Rainer, President
ⓒ 2016 LifeWay Christian Resources
Translated and used by permission of LifeWay Christian Resources

This Korean translation edition ⓒ 2017 by Duranno Ministry,
38, Seobinggo-ro 65-gil, Yongsan-gu, Seoul, Republic of Korea
Published by arrangement with LifeWay Christian Resources

가스펠 프로젝트

구약 4

왕국의 성립
청장년

지은이 · LifeWay Adults
옮긴이 · 오주영
감수 · 김병훈, 이희성, 신대현
발행일 · 2017년 8월 8일
2판 2쇄 발행 · 2024년 10월 28일
등록번호 · 제1988-000080호
등록된 곳 · 서울특별시 용산구 서빙고로65길 38
발행처 · 사단법인 두란노서원
영업부 · 02-2078-3352, 3452, 3781, 3752 FAX 080-749-3705
편집부 · 02-2078-3437
디자인 · 땅콩프레스

책값은 뒤표지에 있습니다.
ISBN 978-89-531-4588-7 04230 / 978-89-531-4581-8(세트)

가스펠 프로젝트 홈페이지 · gospelproject.co.kr
두란노몰 · mall.duranno.com

차례

왕이신 하나님 Unit 1 사무엘상하

가장 지혜로우신 하나님 Unit 2 열왕기상, 욥기, 시편, 잠언, 전도서

4

A Kingdom Established

발간사

두란노서원을 통해 라이프웨이(LifeWay)의 《가스펠 프로젝트》 성경 공부 교재 시리즈를 발간할 수 있도록 인도하신 하나님께 감사드립니다. 험한 소리로 가득한 세상에 이 책을 다릿돌처럼 놓습니다. 우리 삶은 말씀을 만난 소리로 풍성해져야 합니다. 주님을 만난 기쁨의 소리, 진실 앞에서 탄식하는 소리, 죄를 씻는 울음소리, 소망을 품은 기도 소리로 가득해야 합니다.

《가스펠 프로젝트》는 신구약을 관통하는 예수 그리스도의 복음을 발견하고, 그 가르침을 삶에 적용하는 지혜를 얻도록 기획한 성경 공부 교재입니다. 어린아이부터 어른에 이르기까지 생애주기에 따른 복음 메시지를 잘 배울 수 있습니다. 또한 거짓 진리가 미혹하는 이 시대에 건강한 신학과 바른 교리로 말씀을 조명해 성도의 신앙이 좌로나 우로나 치우치지 않도록 돕습니다.

두란노서원은 지금까지 "오직 성경, 복음 중심, 초교파적 관점"을 바탕으로 한국 교회와 성도를 꾸준히 섬겨 왔습니다. 오직 성경의 정신에 입각해 책과 잡지를 출판해 왔으며, 성경에 근거한 복음 중심의 신학을 포기한 적이 없습니다. 그리고 교단과 교파를 초월해 교회와 성도가 하나님 나라를 바라볼 수 있도록 돕기 위해 노력해 왔습니다. 《가스펠 프로젝트》는 두란노가 지켜 온 세 가지 가치를 충실하게 담은 책입니다.

성경은 구원을 위한 책이며, 구원사의 주인공은 예수 그리스도입니다. 창세기부터 요한계시록까지 오직 예수 그리스도의 복음만을 전하는 《가스펠 프로젝트》 성경 공부 교재를 통해 복음의 은혜와 진리를 깊이 경험하고, 복음 중심의 삶이 마음 판에 새겨지기를 바랍니다. 그리고 예수 그리스도 복음에 굳게 선 한 사람의 영향력이 가정과 교회와 사회에 흘러감으로써 거룩한 하나님 나라가 확산되어 가기를 소망합니다.

두란노서원 원장 이 형 기

감수사

두란노가 출간하는《가스펠 프로젝트》는 무엇보다도 전통적으로 교회가 풀어 온 흐름을 충실히 따라 성경을 해설하고 있습니다. 그리고 그 방향은 궁극적으로 예수 그리스도를 향해 나아가고 있습니다. 이것은 예수님이 구약과 신약의 모든 성경이 자신을 가리키고 있다고 하신 말씀에 비추어 매우 타당한 것입니다. 게다가 그리스도 중심적 해설을 무리하게 전개하지 않습니다. 각 본문에서 하나님의 구원 언약과 그것을 실현하시는 하나님을 드러내면서, 그리스도의 예표적 설명이 가능한 사건을 놓치지 않고 풀어내고 있습니다.

성경 공부 교재는 명시적으로 혹은 암시적으로 제시하는 교리적 진술이 교리 체계상 건전해야 합니다.《가스펠 프로젝트》는 99개 조에 이르는 핵심교리들을 일목요연하게 제시해 교리의 건전성을 확인할 수 있도록 도움을 줍니다.《가스펠 프로젝트》의 교리는 교파를 막론하고, 예수 그리스도의 복음에 충실한 복음주의 교회들에게 환영받을 만합니다. 물론 교파마다 약간의 이견을 갖는 부분들이 있을 수 있겠지만, 각 교회에서 교재를 활용하는 데는 무리가 없을 것입니다.《가스펠 프로젝트》의 특징은 각 과에서 학습한 내용을 핵심교리와 연결해 주며, 그 결과 그리스도의 복음에 관련한 교리적 이해를 강화시킨다는 데 있습니다.

끝으로《가스펠 프로젝트》는 어떤 성경 주해서나 교리 학습서가 갖지 못하는 훌륭한 장점을 가지고 있습니다. 그것은 학습자를 하나님과 그리스도의 복음 앞으로 이끌며, 자신의 신앙과 삶을 돌아보도록 하는 적용의 적실성과 훈련의 효과입니다. 아울러 본문과 관련해 교회사적으로 또 주석적으로 중요한 신학자와 목사의 어록과 주석을 제시하고, 심화토론 질문들(인도자용)과 선교적 안목을 열어 주는 적용 질문들을 더해 준 것은《가스펠 프로젝트》에서 얻을 수 있는 큰 유익입니다.

추천할 만한 마땅한 성경 공부 교재를 찾기가 쉽지 않은 현실에서《가스펠 프로젝트》는 성경을 개괄적으로 매주 한 과씩 3년의 기간 동안 일목요연하게, 그리고 그리스도 중심적으로 공부하도록 이끌어 준다는 점에서, 한국 교회의 기초를 성경 위에 놓는 일에 큰 공헌을 할 것으로 믿어 의심치 않습니다.

김병훈 _ 합동신학대학원대학교 조직신학 교수

"보라 날이 이를지라 내가 기근을 땅에 보내리니 양식이 없어 주림이 아니며 물이 없어 갈함이 아니요 여호와의 말씀을 듣지 못한 기갈이라"(암 8:11). 주전 8세기 아모스 선지자의 외침이 오늘 이 시대에 다시 메아리쳐 오고 있습니다. 두란노의《가스펠 프로젝트》는 성도들이 겪고 있는 영적인 갈증과 혼란을 해소해 줄 수 있는 유익한 성경 공부 교재입니다.

첫째,《가스펠 프로젝트》는 성경 전체 흐름과 문맥에 따라 구성되어 성경의 큰 그림을 볼 수 있도록 도와줍니다. 또 성경 각 본문의 의미를 깊이 이해할 수 있도록 해당 분야의 전문 성경 신학자들의 주석적 견해를 잘 소개하고 있습니다. 둘째, 본문 연구와 함께 관련 핵심교리들을 적절하게 소개해 성경과 교리를 연결할 수 있습니다. 또 모든 세션에서 그리스도와의 연결점을 찾아 제시함으로써 구약 본문을 통해서도 복음을 깨달을 수 있습니다. 성경 공부 전 과정을 마치면 성도들이 복음에 대한 견고한 믿음을 가지게 될 것입니다. 셋째, 성경 공부 적용의 초점을 선교에 맞추어 성도들이 삶의 현장에서 복음의 증인으로서의 사명을 감당할 수 있게 도와줍니다. 마지막으로 주일학교에서 장년에 이르기까지 동일한 주제와 본문으로 성경을 공부하도록 구성했기 때문에 모든 교인이 한 말씀 안에서 한 믿음의 공동체를 이루며 성숙해 가는 영적 부흥을 경험하게 될 것입니다.

두란노의 《가스펠 프로젝트》를 통해 말씀이 갈급한 기근의 시대에 영적 해갈의 기쁨을 경험하시기 바랍니다.

이희성 _ 총신대학교 신학대학원 구약학 교수

✜　'가스펠 프로젝트'는 성경 안에 나타난 하나님의 구원 계획-실행-완성이라는 일련의 진행을 잘 요약한 말입니다. 구원의 소식은 예수 그리스도께서 오셨을 때 비로소 전해진 것이 아니라 창세 이전에 그리스도 안에서 하나님의 지혜로 계획된 것입니다. 이 복음 계획은 구약 역사가 진행되면서 더 구체적으로 알려졌고, 하나님의 아들 예수 그리스도께서 이 땅에 오심으로써 완전히 드러났습니다. 이 복음으로 하나님의 백성이 모두 구원을 받을 것이며, 그제야 세상에 끝이 오고 하나님의 가스펠 프로젝트는 완성될 것입니다.

《가스펠 프로젝트》는 이러한 큰 그림을 염두에 두고 시대를 따라 진행되는 하나님의 구원 계획을 체계적으로 다루고 있습니다. 각 세션의 시작과 끝에 두 개의 푯대, 즉 '신학적 주제'와 '그리스도와의 연결'을 제시해 세션이 다루는 내용이 구원 역사의 큰 진행에서 어느 지점에 해당되는지 알려 줍니다. '신학적 주제'는 본문에서 하나님의 가스펠 프로젝트의 어느 지점에 주목해야 하는지 알려 주며, '그리스도와의 연결'은 이 지점이 가스펠 프로젝트 전체와 어떻게 연결되는지 확인시켜 줍니다. 가스펠 프로젝트의 부분과 전체를 아는 지식을 동시에 배워 가면서 이 시대를 향한 단기 비전과 앞으로 임할 하나님 나라에 대한 장기 비전을 함께 가질 수 있습니다. 《가스펠 프로젝트》는 이 비전들을 구체적으로 가질 수 있도록 매 세션 끝에 '하나님의 계획, 우리의 사명'을 두고 있습니다.

《가스펠 프로젝트》의 또 다른 큰 특징은 교회 안에 여러 세대를 그리스도 안에서 하나님의 말씀으로 연결해 준다는 것입니다. 장년, 청소년, 그리고 어린이들이 매주 동일한 본문 말씀을 배움으로써 그리스도 안에서 하나의 교회 전통을 세워 갈 수 있으며, 교회와 가정에서 동일한 하나님의 말씀으로 소통하며 언어가 같은 하나님 나라 백성의 삶을 체험할 수 있습니다.

《가스펠 프로젝트》는 성경의 한 부분에만 머물러 있는 우리의 생각을 그리스도 안에서 넓혀 주고, 분열된 세대들의 생각을 그리스도 안으로 모아 줍니다. 한국 교회 성도들이 《가스펠 프로젝트》를 통해 예수 그리스도를 아는 지식에서 자라 가고, 모든 믿음의 세대가 그리스도 안에서 아름다운 신앙의 전통을 이어 가는 일들이 일어나길 소망합니다.

신대현 _《가스펠 프로젝트》주 강사

추천사

✝ 우리 시대의 전 세계적 교회 부흥은 두 가지 샘을 가지고 있습니다. 한 샘은 오순절 부흥 운동의 샘입니다. 이 샘으로 많은 시대의 목마른 영혼들이 목마름을 해갈했습니다. 또 하나의 샘은 성경 연구의 샘입니다. 남침례교 주일학교 운동은 이 샘의 개척자입니다. 이 샘으로 지금도 많은 성도가 목마름을 해갈하고 있습니다. 미국 남침례교 라이프웨이 출판사는 이러한 사역을 충실히 감당해 왔습니다.《가스펠 프로젝트》는 모든 필요를 공급하는 원천이 될 것입니다.《가스펠 프로젝트》로 한국 교회의 목마름이 해갈되기를 기도합니다.《가스펠 프로젝트》는 쉬우면서도 결코 피상적이지 않습니다. 믿음의 단계를 따라 하나님의 자녀들에게 꼭 필요한 복음의 진수를 맛보게 해 줄 것입니다. 이 체계적인 교재로 이 땅에 새로운 영적 르네상스가 일어나기를 기대합니다.

이동원 _ 지구촌교회 원로 목사, 지구촌 미니스트리 네트워크 대표

✝ 《가스펠 프로젝트》는 예수 그리스도 중심, 즉 복음 중심의 제자 양육 교재입니다. 복음은 구원하는 능력뿐만 아니라 삶을 변화시키는 능력입니다. 성도들을 변화와 성숙으로 이끌어 주는 귀한 교재가 조국 교회와 이민 교회에 소중하게 쓰임받기를 바랍니다. 특별히 이민 2세들은 영어 교재 원본을 사용할 수 있는 까닭에 큰 도움이 될 것입니다.

강준민 _ LA 새생명비전교회 담임 목사

✝ 성경은 예수 그리스도를 중심으로 하는 하나님의 구원 이야기입니다. 성경을 가르치는 일은 하나님의 구원에 동참하는 하나님의 사람을 만드는 일이며, 하나님의 사람의 탁월한 모델은 바로 예수 그리스도입니다.《가스펠 프로젝트》는 예수 그리스도를 중심으로 성경을 배웁니다. 성경이 어떻게 그리스도와 연결되어 있는지, 또 성도의 삶이 그리스도를 중심으로 하는 하나님의 구원 계획에 어떻게 연결되어야 하는지 구체적으로 제시합니다.

특히《가스펠 프로젝트》는 하나의 본문을 각 연령에 맞게 구성한 교재를 제공해 하나의 본문으로 전 세대를 연결하고, 가정과 교회를 하나 되게 합니다. 신앙의 전수가 중요한 시대에 성도와 교회와 가정이 한마음으로 다음 세대를 준비시키기에 적합합니다. 특히 가정에서 부모가 자녀와 말씀으로 대화를 나눌 수 있게 해 자녀 신앙 교육에 도움이 될 것입니다.

《가스펠 프로젝트》가 주일학교부터 장년에 이르기까지 전 교회와 성도의 각 가정에서 사용되어 예수 그리스도를 통한 하나님의 가스펠 프로젝트가 성취되기를 기도하면서 기쁨과 확신으로 추천합니다.

이재훈 _ 온누리교회 담임 목사

✛　　하나님의 말씀은 생명을 살리고 힘 있게 하는 능력이 있습니다. 그래서 사역 현장에서는 그것을 효율적으로 전해 주고 가르칠 수 있는 좋은 방법과 교재에 늘 목말라합니다. 그런 점에서 연령대에 맞게 체계적으로 준비되어 사역 현장의 필요를 잘 충족해 줄 교재가 출간되어 기쁩니다. 사역의 현장에서 유용하게 활용되어 복음의 생명력과 역동성을 누리게 되기를 기대하며 추천합니다.

김운용 _ 장로회신학대학교 실천신학 교수

✛　　성경은 하나님의 말씀입니다. 말씀 중의 말씀, 복음은 예수 그리스도이십니다. 《가스펠 프로젝트》는 하나님의 말씀으로 우리를 초청해서 예수 그리스도를 만나게 하고 사랑하게 만드는 훌륭한 교재입니다. 《가스펠 프로젝트》의 매력은 하나의 커리큘럼을 가지고 연령대에 적합하게 공부하도록 제공한다는 점입니다. 자녀들이 교회 학교에서, 부모들이 소그룹에서 말씀을 공부한 후 저녁 식탁에 둘러앉아 예수님에 관해 함께 나눌 수 있다는 것은, 상상만 해도 너무나도 멋지고 복된 일입니다.

김지철 _ 전 소망교회 담임 목사

✛　　예수님은 친히 요한복음 5장 39절에서, 모든 성경은 예수님 자신에 대한 증거라고 말씀하셨습니다. 그럼에도 불구하고, 성도들은 그 속에서 예수님이라는 보석을 쉽게 찾아내지 못하고 있습니다. 《가스펠 프로젝트》는 신앙생활을 출발하는 어린이부터 장년까지 이런 눈을 활짝 열어 주는 놀라운 교재입니다. 요람에서부터 무덤까지 각 연령대에 맞게 구성된 《가스펠 프로젝트》 성경 공부 교재를 통해, 한국 교회와 이민 교회가 잃어버린 예수님을 다시 발견함으로 견고하게 되기를 바랍니다.

최병락 _ 강남중앙침례교회 담임 목사

✛　　성경을 공부한다는 것은 성경에 기록된 사실을 배우는 것이 아니라 성경이 가르치는 교리를 배우는 것입니다. 왜냐하면 성경은 독자에게 어떤 새로운 정보를 주기 위해 인간이 쓴 책이 아니라, 죄인인 인간에게 구원을 주기 위해 하나님이 쓰신 말씀이기 때문입니다. 그런데 이 구원의 도리인 교리를 성경 본문을 통해 배우기가 쉽지 않기 때문에 좋은 안내서가 필요합니다. 이번에 출간된 《가스펠 프로젝트》는 이와 같은 역할을 탁월하게 수행하고 있기 때문에 기쁜 마음으로 추천합니다.

이성호 _ 고려신학대학원 역사신학 교수

활용법

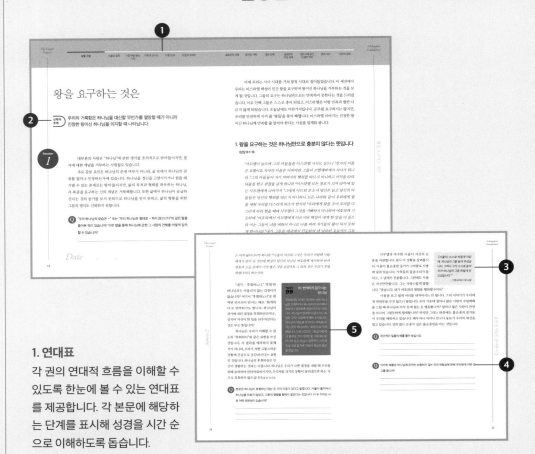

1. 연대표

각 권의 연대적 흐름을 이해할 수 있도록 한눈에 볼 수 있는 연대표를 제공합니다. 각 본문에 해당하는 단계를 표시해 성경을 시간 순으로 이해하도록 돕습니다.

2. 신학적 주제

하나님이 구속사에서 행하신 일에 초점을 맞춰 본문을 이해하도록 주제를 제시해 본문의 흐름을 놓치지 않도록 돕습니다.

3. 명언 등

세계 기독교 역사에서 영향력 있는 인물들의 명언이나 글 가운데 세션의 주제와 관련 있는 내용을 발췌해 제공합니다.

4. 관찰 질문

본문을 구체적으로 이해하도록 하는 질문을 제공합니다. 이를 통해 생각의 폭을 넓히고 성경의 진리를 실제적으로 받아들이는 데 도움을 받을 수 있습니다.

5. 핵심교리 99

기독교 교리 가운데 핵심이 되는 99개의 내용을 추려 각 세션에 해당하는 교리를 제시합니다. 성경 본문에 대한 신학적 이해를 넓히는 데 도움을 받을 수 있습니다.

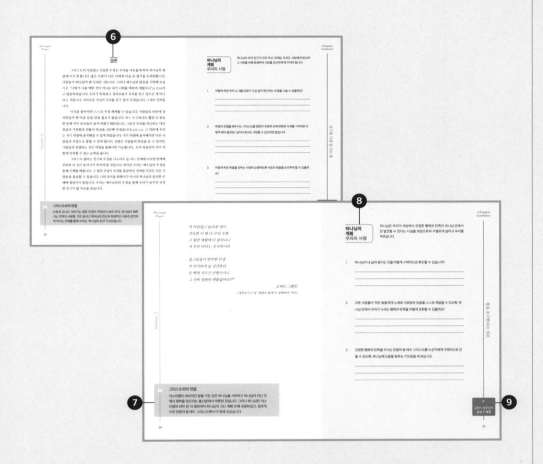

6. 결론
각 세션의 포인트를 정리하고 예수 그리스도와 연결해 세션의 결론을 제시합니다.

7. 그리스도와의 연결
해당 본문과 주제가 어떻게 예수 그리스도를 가리키며 연결되는지 자세히 살핍니다. 예수님과 각 세션 포인트의 상관성을 발견할 수 있도록 돕습니다.

8. 하나님의 계획, 우리의 사명
각 세션에서 드러난 하나님의 계획을 우리의 사명과 연결해 말씀을 구체적으로 삶에 적용하도록 돕습니다.

9. 금주의 성경 읽기
각 세션의 연대기적 흐름에 맞춰 한 주 동안 읽을 성경 본문을 제공합니다.

왕이신 하나님

사무엘상하

Unit 1

암송 구절

사무엘이 이르되 여호와께서 번제와 다른 제사를 그의 목소리를 청종하는 것을 좋아하심같이 좋아하시겠나이까 순종이 제사보다 낫고 듣는 것이 숫양의 기름보다 나으니

이는 거역하는 것은 점치는 죄와 같고 완고한 것은 사신 우상에게 절하는 죄와 같음이라 왕이 여호와의 말씀을 버렸으므로 여호와께서도 왕을 버려 왕이 되지 못하게 하셨나이다 하니

사무엘상 15장 22~23절

왕을 요구하는 것은

신학적
주제

우리의 거룩함은 하나님을 대신할 무언가를 열망할 때가 아니라
진정한 왕이신 하나님을 의지할 때 나타납니다.

Session

1

대부분의 사람은 "하나님"에 관한 생각을 호의적으로 받아들이지만, 절대자에 대한 개념을 거부하는 사람들도 있습니다.

주요 갈등 요인은 하나님의 존재 여부가 아니라, 삶 속에서 하나님의 권위를 얼마나 인정하는가에 있습니다. 하나님을 정신을 고양시키거나 힘들 때 기댈 수 있는 존재로는 받아들이지만, 삶의 목적과 형태를 좌우하는 하나님, 즉 복종을 요구하는 신의 개념은 거북해합니다. 또한 삶에서 하나님이 공급하신다는 것의 증거를 보지 못하므로 하나님을 믿지 못하고, 삶의 형통을 위한 그분의 방식도 신뢰하지 못합니다.

Q "우리 하나님의 모습은 ~" 또는 "우리 하나님은 절대로 ~ 하지 않으신다"와 같은 말을 들어본 적이 있습니까? 이런 말을 통해 하나님에 관한 그 사람의 견해를 어떻게 짐작할 수 있습니까?

Date   .   .

이제 우리는 사사 시대를 거쳐 왕정 시대로 접어들었습니다. 이 세션에서 우리는 이스라엘 백성이 인간 왕을 요구하며 왕이신 하나님을 거부하는 것을 보게 될 것입니다. 그들의 요구는 하나님만으로는 만족하지 못한다는 것을 드러냈습니다. 이로 인해 그들은 스스로 종이 되었고, 이스라엘은 이방 민족과 별반 다르지 않게 되었습니다. 오늘날에도 마찬가지입니다. 군주를 요구하지는 않지만, 우리를 안전하게 지켜 줄 '왕들'을 찾아 헤맵니다. 이스라엘 이야기는 진정한 왕이신 하나님께 만족할 줄 알아야 한다는 사실을 일깨워 줍니다.

1. 왕을 요구하는 것은 하나님만으로 충분치 않다는 뜻입니다

(삼상 8:1~9)

¹사무엘이 늙으매 그의 아들들을 이스라엘 사사로 삼으니 ²장자의 이름은 요엘이요 차자의 이름은 아비야라 그들이 브엘세바에서 사사가 되니라 ³그의 아들들이 자기 아버지의 행위를 따르지 아니하고 이익을 따라 뇌물을 받고 판결을 굽게 하니라 ⁴이스라엘 모든 장로가 모여 라마에 있는 사무엘에게 나아가서 ⁵그에게 이르되 보소서 당신은 늙고 당신의 아들들은 당신의 행위를 따르지 아니하니 모든 나라와 같이 우리에게 왕을 세워 우리를 다스리게 하소서 한지라 ⁶우리에게 왕을 주어 우리를 다스리게 하라 했을 때에 사무엘이 그것을 기뻐하지 아니하여 여호와께 기도하매 ⁷여호와께서 사무엘에게 이르시되 백성이 네게 한 말을 다 들으라 이는 그들이 너를 버림이 아니요 나를 버려 자기들의 왕이 되지 못하게 함이니라 ⁸내가 그들을 애굽에서 인도하여 낸 날부터 오늘까지 그들이 모든 행사로 나를 버리고 다른 신들을 섬김같이 네게도 그리하는도다 ⁹그러므로 그들의 말을 듣되 너는 그들에게 엄히 경고하고 그들을 다스릴 왕의 제도를 가르치라

사무엘은 이것이 하나님에 대한 그들의 믿음이 부족해서 나온 요구임을 눈치챘습니다. 백성들이 모든 것을 하나님께 맡겨야만 주님이 그들의 진정한 왕이 되어 주실 수 있습니다. 그러나 그들은 자신들을 안전하게 지켜 줄, 하나님 이상의 누군가를 요구했습니다. 하나님을 대놓고 거절한 것은 아니지만, 사실 이렇게 말하고 있는 셈입니다.

"그럼요, 우리는 하나님이 필요해요. 하지만 확실한 게 좋잖아요. 이런저런 보장도 있어야 하고, 요런조런 보증도 필요하답니다."

이 이야기에서 우리는 하나님을 거부하는 두 가지 방법, 즉 주님을 대놓고 거절하는 것과 따른다고 말하면서 실제로는 의지하지 않는 것을 볼 수 있습니다. 삶에 안정감을 느끼기 위해서는 먼저 일, 결혼, 건강, 안전 등 수많은 것이 갖춰져 있어야 한다고 주장하는 것은 두 번째 형태의 거절, 곧 '반역'을 의미합니다.

> *"우상이 아니라 주님이 통치하십니다. 돈이나 권세가 하는 것이 아닙니다. 부유한 자나 힘 있는 자가 하는 것도 아닙니다. 아름다운 자나 아주 좋거나 아주 나쁜 자가 하는 것도 아닙니다. 나라의 대통령이나 기업의 사장들이 하는 것도 아닙니다. 주님이 다스리십니다. 이것이 바로 우리의 유일한 희망입니다."[1]*
>
> _에드 스테처 & 필립 네이션

하나님을 통제할 수만 있다면 주님을 신뢰하기가 훨씬 더 쉬울 것입니다. 그러나 그럴 수 없기 때문에 우리는 하나님 말고도 필요한 목록을 너무나 자주 만들어 내곤 합니다. 주님을 '따르되' 자기만의 조건대로 따르는 것입니다.

Q 당신은 무엇에서 안정감을 느낍니까?

_____

_____

Q 당신이 하나님이 아니라 다른 것에서 안정감을 느낀다는 것은 무엇을 통해 알 수 있습니까?

_____

_____

하나님은 그들의 요구가 불순종에서 나온 것이라고 지적하면서도 결국 묵인해 주십니다. 왕을 요구하는 것이 그렇게 악한 것이라면 왜 허락해 주실까요? 그냥 안 된다고 하시면 되지 않을까요? 그 이유는 때때로 하나님은 기도에 응답해 주심으로써 동기가 잘못되었음을 깨닫게 하시기 때문입니다.

> *"이스라엘 백성이 그들의 변절, 즉 사명의 부르심을 저버린 배신에 관해 내놓은 핑계는 '다른 나라들과 같이' 되고 싶다는 것이었습니다. 하나님이 그렇게 되지 말라고 그들을 부르셨는데도 말입니다."*[2]
>
> _마이클 고힌

그 반대도 마찬가지입니다. 하나님이 우리에게 베푸시는 가장 큰 자비가 기도에 응답하지 않으시는 모양으로 찾아옵니다. 사람들은 기도에 대한 응답이 없다고 하나님께 화를 내곤 합니다. 하지만 만약 하나님이 당신을 보호하기 위해 기도에 응답하지 않고 계신다면 어찌하겠습니까? 우리 눈에는 하나님이 보호하시지 않는 것처럼 보일 수 있습니다. 그러나 실제로는 우리를 보호하고 계신 것입니다. 하나님이 우리에게 주실 수 있는 가장 큰 복은 주님만으로도 행복할 수 있는 능력입니다. 때로 하나님은 우리에게 유익할 것 같은 복을 보류함으로써 우리를 가르치셔야 할 때도 있습니다.

돈이나 결혼이나 성공을 바라는 것은 본질적으로 잘못이 아닙니다. 분명히 말하지만, 하나님께 좋은 것을 구하는 것이 잘못은 아닙니다. 문제는 그것을 갈망하고, 그것 없이는 행복하거나 안전할 수 없다고 느끼는 것입니다. 이것이 바로 이스라엘 백성이 왕을 요구한 이유입니다.

Q 간절히 원하던 것을 가지게 되었지만 정작 만족스럽지 않았던 적이 있습니까? 당시 상황을 설명해 주세요.

_____

_____

_____

2. 왕을 요구하는 것은 자신을 종으로 내어 주는 셈입니다

(삼상 8:10~18)

¹⁰사무엘이 왕을 요구하는 백성에게 여호와의 모든 말씀을 말하여 ¹¹이르되 너희를 다스릴 왕의 제도는 이러하니라 그가 너희 아들들을 데려다가 그의 병거와 말을 어거하게 하리니 그들이 그 병거 앞에서 달릴 것이며 ¹²그가 또 너희의 아들들을 천부장과 오십부장을 삼을 것이며 자기 밭을 갈게 하고 자기 추수를 하게 할 것이며 자기 무기와 병거의 장비도 만들게 할 것이며 ¹³그가 또 너희의 딸들을 데려다가 향료 만드는 자와 요리하는 자와 떡 굽는 자로 삼을 것이며 ¹⁴그가 또 너희의 밭과 포도원과 감람원에서 제일 좋은 것을 가져다가 자기의 신하들에게 줄 것이며 ¹⁵그가 또 너희의 곡식과 포도원 소산의 십일조를 거두어 자기의 관리와 신하에게 줄 것이며 ¹⁶그가 또 너희의 노비와 가장 아름다운 소년과 나귀들을 끌어다가 자기 일을 시킬 것이며 ¹⁷너희의 양 떼의 십분의 일을 거두어 가리니 너희가 그의 종이 될 것이라 ¹⁸그날에 너희는 너희가 택한 왕으로 말미암아 부르짖되 그날에 여호와께서 너희에게 응답하지 아니하시리라 하니

사무엘은 이스라엘이 왕을 요구함으로써 얻게 될 결과를 말하는 데 주저하지 않았습니다. 여기서 핵심 단어는 "데려다가/가져다가"입니다. 왕은 백성들의 아들과 딸을 데려다가 일꾼 삼을 것이며, 좋은 땅과 작물을 가져다가 자기 신하들에게 줄 것입니다. 왕은 자신을 위해 백성들을 착취하며, 그들 인생의 황금기를 앗아 갈 것입니다.

참으로 엄청난 모순입니다. 이스라엘 백성은 자기들의 번영과 안전을 보장해 줄 왕을 원했지만, 그들이 얻게 된 것은 오히려 그것들을 빼앗아 가는 왕이었습니다. 그들은 자기들이 통제할 수 있는 왕을 원했지만, 오히려 왕이 그들을 장악할 것입니다. 자기

> "하나님은 모든 사람의 마음속에 주님을 향한 갈망을 두셨습니다. 주님이 아니면 무엇으로도, 영원하지 않은 것이면 무엇으로도, 그 영원한 갈망은 채워질 수 없습니다."³
>
> _콜트 맥코이 & 매트 카터

18

들에게 힘을 실어 주리라 기대했는데, 실제로는 노예가 되게 생긴 것입니다.

이것이 바로 구약에서 보이는 신약의 원리입니다. 다시 말하면, "만일 네가 하나님 외에 다른 왕을 섬기면, 그 왕이 구원해 주기는커녕 너를 노예로 삼을 것이다"라는 원리입니다. 행복과 안전을 얻으려고 어떤 것에 의존하면, 결국 그것에 종노릇하게 될 것입니다. 예를 들면, 다음과 같습니다.

특정한 관계를 맺어서 행복하려 한다면…	관계의 종이 될 것입니다.
반드시 성공해서 성취감을 찾으려 한다면…	성공의 종이 될 것입니다.
육체적인 일탈을 통해 스트레스를 풀거나 안락함을 느끼려 한다면…	곧바로 종노릇하게 될 것입니다.

Q 우리에게 무언가를 '주겠다고' 약속하고서 나중에 오히려 '빼앗아 가는' 것에는 어떤 것들이 있을까요?

_____

_____

_____

누구에게나 '왕'이 있습니다. 행복하고 안정감을 느끼려면 가져야만 하는 것이 바로 자기 인생의 왕입니다. 왕은 모든 백성을 종으로 부리기 마련입니다. 사도 바울은 이것을 이렇게 말했습니다. "그러나 너희가 그때에는 하나님을 알지 못하여 본질상 하나님이 아닌 자들에게 종 노릇 하였더니"(갈 4:8). 미국 가수 밥 딜런도 "하나님이든 악마든 누군가를 섬겨야만 해"라고 노래했습니다.

예외란 없습니다. 생명을 주시는 하나님께 복종하거나 죽음을 가져올 무언가의 노예가 되거나 둘 중 하나입니다.

> "죄의 권세는 새로 등장하는 더 큰 권세에 의해 무너지기 마련입니다. … 옛 자아를 벗어난 인간은 그리스도 안에서 새롭게 부활한 자기 자신을 발견하게 됩니다."[4]
>
> _E.Y. 멀린스

Q 당신이 성취감을 얻기 위해 하나님 대신 의지하는 것은 무엇입니까?

_____

_____

_____

Q 당신이 의지한 '작은 왕들'은 약속 이행에 어떻게 실패합니까?

_____

_____

_____

_____

3. 왕을 요구하는 것은 세상 사람과 같아지는 것입니다

(삼상 8:19~22)

[19]백성이 사무엘의 말 듣기를 거절하여 이르되 아니로소이다 우리도 우리 왕이 있어야 하리니 [20]우리도 다른 나라들같이 되어 우리의 왕이 우리를 다스리며 우리 앞에 나가서 우리의 싸움을 싸워야 할 것이니이다 하는지라 [21]사무엘이 백성의 말을 다 듣고 여호와께 아뢰매 [22]여호와께서 사무엘에게 이르시되 그들의 말을 들어 왕을 세우라 하시니 사무엘이 이스라엘 사람들에게 이르되 너희는 각기 성읍으로 돌아가라 하니라

이스라엘은 왕이 결국 권력을 남용하게 될 것이라는 경고를 받았음에도 불구하고 여전히 왕을 요구합니다. 자신들을 이끌어 줄, 눈에 보이는 누군가를 원한 것입니다. 자신들을 다른 모든 나라와 구별되게 해 주시는 바로 그분을 잃는 짓인데도 말입니다. 하나님은 자기 백성의 것을 부당하게 빼앗고 권력을 남용하는 인간 왕과는 다르십니다. 하나님은 자기 백성을 구원하기 위해 엄청난 일을 해내신 사랑의 아버지이십니다. 그러나 어리석게도 이스라엘은 다른 모든 나라와 같아지기를 원하고 있습니다.

> "백성들이 왕을 갈망하며 목표로 삼았던 것은 이전처럼 다른 나라들과 같아지려는 것만이 아니었습니다. … 그들을 재판하며, 전장에서 그들을 대신해 싸워 줄 사람을 갖고 싶었는지도 모릅니다. 사무엘의 기도와 하나님의 우레로 싸우는 것보다(삼상 7:10) 더 나은 전투를 상상해 본다는 것이 도대체 가능하기나 한 일입니까?" [5]
>
> _매튜 헨리

이와 마찬가지로 그리스도께 구속받은 백성이 미래의 보장과 안정을 얻기 위해 세상 것들을 바라본다면, 그들도 세상 사람들과 같아지게 됩니다. 자기 정체성이나 하나님과 회복된 관계에서 얻은 사랑 따위는 잊은 채 만족을 줄 것 같은 '왕'에게 매이게 됩니다.

이것은 자기 백성을 향한 하나님의 뜻이 아닙니다. 다시 말해, 우리를 향한 뜻이 아닙니다. 주님은 우리가 그리스도를 앎으로써 얻게 될 사랑과 확신을 알기를 원하십니다. 공허한 약속으로 가득한 세상 것들에 사로잡히지 않기를 바라십니다.

Q 우리를 향한 하나님의 사랑의 확증이 우리 삶에 드리워진 죄의 권세를 어떻게 깨부숩니까?

_____

_____

_____

하나님은 왕을 세움으로써 야기될 만한 나쁜 결과들에 대해 이스라엘 백성에게 경고하셨습니다. 그런데도 그들은 왕을 요구합니다. 우리는 하나님이 그들의 요구를 얼마나 정확하게 들어 주시는지 보게 됩니다. 사울 왕은 백성에게 변화를 약속하고 희망을 주며, 열방 가운데 이스라엘의 지위가 회복될 것을 보장합니다.

출발은 좋았지만, 사울은 얼마 지나지 않아 하나님이 예견하신 바로 그대로 행하기 시작합니다. 자기 유익을 위해 백성을 부리기 시작한 것입니다. 결국 자신을 우상화하며 자기 의를 내세우는 폭군의 면모를 드러냅니다.

세상의 모든 왕은 우리를 실망시킬 뿐입니다. 우리에게는 이스라엘과 다르게 선택할 기회가 있습니다. 바로 믿음의 선택입니다. 우리에게는 그들보다 참고할 증거가 더 많습니다. 신실하신 하나님에 관한 역사, 즉 믿음 없는 인간들에게 베풀어 오신 하나님의 신실하신 은혜에 관한 많은 이야기가 있습니다. 더 중요한 것은 우리에게는 십자가가 있다는 사실입니다. 우리를 향한 하나님의 사랑과 신실하심을 궁극적으로 드러내는 십자가 말입니다. 우리를 위해 하나님보다 더 많은 것을 내어 줄 왕은 없습니다.

받아들일 만한 이런저런 조건들을 제공해 준다면, 기독교의 하나님도 괜찮다고 여기는 사람들이 많습니다. 즉 하나님이 이걸 해 주고, 저걸 막아 주고, 자기가 원하는 걸 주신다면 따르겠다는 것입니다. 그러나 이것은 믿음이 아닙니다. 조건부 순종은 여전히 불순종이기 때문입니다. 왕이신 하나님을 따르려면 절대적으로 조건 없이, 예외도 없이 믿음으로 발을 내디뎌야 합니다.

하나님이 우리를 돌보신다는 사실을 어떻게 확신할 수 있습니까? 십자가를 통해 알 수 있습니다. 주님은 우리가 전적으로 모든 것을 맡길 수 있는 왕이십니다.

핵심교리 99 — 5. 성경의 권위

성경은 인류를 향한 하나님의 특별한 계시를 담고 있는 하나님의 영감 있는 말씀으로 그리스도인에게는 궁극적인 권위를 지닌 기준이 됩니다. 성경의 모든 가르침은 진리입니다. 따라서 성경은 인류를 위한 지혜의 보고로서 하나님의 영광에 합당하게 살아가는 방법을 가르쳐 줍니다. 성경의 권위에 복종한다는 것은 말씀을 믿고 순종하는 것으로 이것은 곧 하나님을 믿고 순종하는 것을 의미합니다.

Q 하나님만을 왕으로 모실 때, 우리는 어떤 면에서 세상과 뚜렷이 구별됩니까?

_____

_____

_____

Q 세상과 구별되게 사는 것은 제자 삼는 사명에 어떻게 도움이 될까요?

_____

_____

_____

결론

우리 사회는 하나님을 삶의 그림을 완성해 줄 퍼즐 한 조각쯤으로 여깁니다. 그러나 믿는 사람을 세상과 구별시키는 것은 우리가 진정한 행복과 만족을 오로지 하나님 그분 안에서만 찾는 데 있습니다. 우리를 구원하신 하나님이 우리 삶도 책임져 주십니다. 하나님만을 전적으로 의지할 때, 비로소 주변 사람들과 구별될 것입니다.

> 영광의 왕께 다 경배하며
> 그 크신 사랑 늘 찬송하라
> 예부터 영원히 참 방패시니
> 그 영광의 주를 다 찬송하라
>
> 능력과 은혜 다 찬송하라
> 그 옷은 햇빛 그 집은 궁창
> 큰 우레 소리로 주 노하시고
> 폭풍의 날개로 달려가신다

저 아름답고 놀라운 일이
가득한 이 땅 다 주의 조화
그 힘찬 명령에 터 잡히나니
저 푸른 바다는 옷자락이라

질그릇같이 연약한 인생
주 의지하여 늘 강건하리
온 백성 지으신 만왕이시니
그 자비 영원히 변함없어라!?[6]

_로버트 그랜트
(새찬송가 67장 "영광의 왕께 다 경배하며"-역주)

그리스도와의 연결

이스라엘이 세속적인 왕을 구한 것은 하나님을 거부하고 하나님이 아닌 것에서 행복을 찾으려는 불신앙에서 비롯된 것입니다. 그러나 하나님은 이스라엘의 죄악 된 이 열망까지 하나님의 크신 계획 안에 포용하셨고, 결과적으로 만왕의 왕 예수 그리스도께서 이 땅에 오셨습니다.

> **하나님의**
> **계획**
> 우리의 사명

하나님은 우리가 세상에서 진정한 행복과 만족이 하나님 안에서만 발견될 수 있다는 사실을 보임으로써 구별되게 살라고 우리를 부르십니다.

1. 하나님이 내 삶의 왕이신 것을 어떻게 구체적으로 확인할 수 있습니까?

   _____

   _____

   _____

2. 다른 사람들이 '작은 왕들'에게 노예로 사로잡혀 있음을 스스로 깨달을 수 있도록, 하나님 안에서 우리가 누리는 행복과 만족을 어떻게 표현할 수 있을까요?

   _____

   _____

   _____

3. 진정한 행복과 만족을 주시는 만왕의 왕 예수 그리스도를 누군가에게 구체적으로 전할 수 있도록, 하나님께 도움을 청하는 기도문을 써 보십시오.

   _____

   _____

   _____

왕을 요구하는 것은

*

금주의 성경 읽기
삼상 1~8장

초대 왕 사울이 몰락한 이유

신학적 주제) 하나님은 주님의 모든 명령에 온전히 순종할 것을 요구하십니다.

Session 2

　　하나님은 사울을 백성들의 첫 번째 왕으로 선택하심으로써 그들의 요구를 들어주셨습니다. 사울은 이스라엘을 원만히 통치하기 시작했고, 마음을 올바로 가지고 있는 듯 보였습니다. 그러나 곧 그는 그릇된 순종을 하며 흔들리는 모습을 보이게 됩니다. 사울은 하나님께 순종하되 절반만 순종합니다. 하나님의 지시를 따르지만, 온전히 따르지는 않았습니다. 적당히 할 뿐 전적으로 순종하지는 않은 것입니다.

Q 자신의 어린 시절이나 자주 만나는 아이들의 모습을 떠올려 보십시오. 아이들이 건성으로 듣는 지시 사항은 어떤 것이었나요?

_____

Q 아이들이 불순종으로 나아가는 조짐은 무엇입니까?

_____

Date 　.　.

이 세션에서 우리는 사울 왕이 몰락한 이유와 그가 하나님께 반역하기로 한 선택에 관해 보게 될 것입니다. 사울의 이야기를 통해 하나님께 온전히 순종하지 못하면 자신의 불순종을 합리화하며 정당화하게 된다는 것을 보게 될 것입니다. 이 죄는 하나님의 은혜보다 사람들의 인정을 더 갈망함으로써 악화됩니다. 절반의 순종은 또 다른 형태의 불순종일 뿐입니다. 하나님은 우리에게 자기 의의 위선적인 과시를 포기하고, 하나님의 목적과 계획에 온전히 순종하라고 요구하십니다.

> "영적인 삶의 가장 좋은 척도는 황홀경이 아닌 순종입니다."[1]
> _오스왈드 챔버스

1. 하나님께 온전히 순종하지 못하면 몰락합니다(삼상 15:10~15)

사무엘상 15장은 하나님이 사울에게 아말렉을 정복하고, 거주민과 그들의 모든 소유, 심지어 가축까지도 남김없이 진멸할 것을 명령하시는 장면으로 시작됩니다. 하지만 사울은 하나님의 명령을 온전히 따르지 않았습니다.

[10]여호와의 말씀이 사무엘에게 임하니라 이르시되 [11]내가 사울을 왕으로 세운 것을 후회하노니 그가 돌이켜서 나를 따르지 아니하며 내 명령을 행하지 아니하였음이니라 하신지라 사무엘이 근심하여 온 밤을 여호와께 부르짖으니라 [12]사무엘이 사울을 만나려고 아침에 일찍이 일어났더니 어떤 사람이 사무엘에게 말하여 이르되 사울이 갈멜에 이르러 자기를 위하여 기념비를 세우고 발길을 돌려 길갈로 내려갔다 하는지라 [13]사무엘이 사울에게 이른즉 사울이 그에게 이르되 원하건대 당신은 여호와께 복을 받으소서 내가 여호와의 명령을 행하였나이다 하니 [14]사무엘이 이르되 그러면 내 귀에 들려오는 이 양의 소리와 내게 들리는 소의 소리

는 어찌 됨이니이까 하니라 ¹⁵사울이 이르되 그것은 무리가 아말렉 사람에게서 끌어 온 것인데 백성이 당신의 하나님 여호와께 제사하려 하여 양들과 소들 중에서 가장 좋은 것을 남김이요 그 외의 것은 우리가 진멸하였나이다 하는지라

"내가… 후회하노니"(11절). '후회'란 하나님과는 어울리지 않는 감정이지 않습니까? 여기서 "후회하노니"로 번역된 히브리어 단어는 때로 '회개하다'로 번역되기도 합니다. 하나님이 과거에 내린 결정을 후회하신다거나, 심지어 자신이 한 일을 뉘우치신다는 것은 무슨 뜻입니까?

하나님은 우리가 이해할 수 있도록 "후회하다"와 같은 표현을 쓰신 것입니다. 즉 결과를 예측하지 못해서가 아니라, 우리가 처한 고통스러운

핵심교리 **99** 　　10. 불변하신 하나님

하나님은 언제까지나 하나님이시며 어제나 오늘이나 영원토록 동일하십니다. 하나님의 불변하심은 그리스도인에게 복된 소식입니다. 하나님이 마음을 바꾸거나 약속을 어기는 분이 아니시라는 보증이 되기 때문입니다. 그리스도인은 자신을 어둠에서 끌어내 그분의 기이한 빛 가운데로 들어가게 하신 주님이 영원까지 인도해 주실 것을 알기에 마음의 확신과 평안을 얻습니다.

상황에 진심으로 공감하신다는 표현인 것입니다. 하나님의 후회하심은 인간이 경험하는 것과는 다릅니다. 하나님은 우리가 나쁜 결정을 내릴 때 우리를 위해 슬퍼하며 안타까워하시지만, 우리처럼 과거의 상황이 달라졌으면 하는 식으로 후회하지는 않으십니다(삼상 15:29).

Q 본문은 하나님이 후회하신 데는 두 가지 이유가 있다고 말합니다. 사울이 돌이켜서 하나님을 따르지 않았고, 그분의 명령을 행하지 않았기 때문입니다. 이 두 가지는 서로 어떤 연관성이 있습니까?

_____

_____

_____

Session 2

사무엘과 마주한 사울이 자신의 순종을 자랑합니다. 잠시 이 상황을 살펴봅시다. 사울이 불순종한 증거가 그야말로 사방에 널려 있습니다. 가축들의 울음소리가 들리고, 그 냄새가 진동합니다. 그런데도 사울은 자신만만합니다. 그는 자랑스럽게 말합니다. "맞습니다. 내가 여호와의 명령을 행하였나이다."

> "사울이 스스로 하찮게 여길 때, 하나님이 그를 높여 주셨습니다. 그러나 그가 스스로 높아지자 하나님이 그를 하찮게 만드셨습니다."[2]
>
> _그레고리오 1세 교황

사울을 보고 쉽게 머리를 내저어서는 안 됩니다. 그의 이야기가 우리에게 면죄부를 주진 않으니 말입니다. 우리 가운데 얼마나 많은 사람이 주일예배를 드릴 때 하나님과 아무 문제 없는 듯 행동합니까? 얼마나 많은 사람이 찬양을 부르며 그럴듯하게 행세합니까? 하지만 그러는 와중에도 불순종의 증거들이 우리를 에워싸고 있습니다. 배우자나 자녀나 친구나 동료가 우리의 위선을 알고 있습니다. 성의 없는 순종이 실은 불순종임을 아는 것입니다.

Q 위선적인 일들의 예를 들어 보십시오.

_____

_____

_____

Q 이러한 예들은 하나님께 온전히 순종하지 않는 것의 위험성에 관해 우리에게 어떤 경고를 줍니까?

_____

_____

_____

2. 불순종을 합리화하면 몰락합니다(삼상 15:16~21)

¹⁶사무엘이 사울에게 이르되 가만히 계시옵소서 간 밤에 여호와께서 내게 이르신 것을 왕에게 말하리이다 하니 그가 이르되 말씀하소서 ¹⁷사무엘이 이르되 왕이 스스로 작게 여길 그때에 이스라엘 지파의 머리가 되지 아니하셨나이까 여호와께서 왕에게 기름을 부어 이스라엘 왕을 삼으시고 ¹⁸또 여호와께서 왕을 길로 보내시며 이르시기를 가서 죄인 아말렉 사람을 진멸하되 다 없어지기까지 치라 하셨거늘 ¹⁹어찌하여 왕이 여호와의 목소리를 청종하지 아니하고 탈취하기에만 급하여 여호와께서 악하게 여기시는 일을 행하였나이까 ²⁰사울이 사무엘에게 이르되 나는 실로 여호와의 목소리를 청종하여 여호와께서 보내신 길로 가서 아말렉 왕 아각을 끌어 왔고 아말렉 사람들을 진멸하였으나 ²¹다만 백성이 그 마땅히 멸할 것 중에서 가장 좋은 것으로 길갈에서 당신의 하나님 여호와께 제사하려고 양과 소를 끌어 왔나이다 하는지라

사무엘이 사울에게 말했습니다.

"왕이 스스로 작게 여길 때 이스라엘 지파의 머리가 되지 않으셨습니까? 여호와께서 왕에게 기름을 부어 이스라엘 왕으로 삼으셨습니다."

사무엘은 사울의 과거를 회상하며, 하나님이 그에게 온 왕국을 주겠다고 하셨

> *"죄의 기만으로 마음이 완악해지는 ⋯ 위험성을 생각해 보십시오. ⋯ 마음이 굳어 버리고, 양심이 불타며, 생각이 가려지고, 애정이 둔해지고, 온 영혼이 속는 것입니다."*[3]
>
> _존 오웬

을 때 그가 범부에 지나지 않았음을 지적합니다. 사실 사무엘은 이렇게 말한 것입니다.

"하나님이 사울 당신에게 모든 것을 주셨습니다. 그런데 그것으로는 충분하지 않던가요? 하나님이 당신에게 모든 걸 주셨는데도 그보다 더 원하는 게 있는 겁니까?"

사울은 자신의 명예와 자신만의 왕국의 위상을 좇았습니다. 그래서 아말렉 왕 아각을 죽이지 않고 포로로 삼은 것입니다. 그를 살려 둔 것은 자비를

베풀기 위함이 아니라 오히려 적국의 왕을 포로 삼은 것을 과시하기 위한 것이었습니다. 당시 정복에 성공한 왕들은 사로잡은 왕을 데려다가 개선 행진을 하곤 했습니다. 쇠사슬에 묶인 채 수척한 몰골로 행진하는 왕의 모습을 보여 줌으로써 온 세상에 "내가 정복자다. 나야말로 왕 중의 왕이다"라는 메시지를 던지는 것입니다. 사울은 정복자처럼 백성들 앞에서 전리품을 과시하고 싶었던 것입니다. 백성들의 인정을 간절히 원했기 때문입니다.

Q 사무엘이 '하나님의 신실하심'이라는 맥락에서 사울의 죄를 바라보는 것에 주목하십시오. 하나님의 선하심을 떠올리는 것은 우리 죄의 추악함을 깨닫는 데 어떤 도움이 됩니까?

사람에게는 저마다의 '왕'이 있습니다. 선망의 대상이자 행복감과 안정감을 주는 것이 바로 왕입니다. 사울 왕에게는 '사람들의 인정'이 왕이었습니다. 그것이 그의 반역을 부추겼습니다. 죄는 대개 영혼 깊은 곳의 불만, 즉 행복하고 안전하게 살려면 반드시 있어야 한다고 느끼는 것에서 비롯됩니다.

하지만 진짜 문제는 우리 영혼이 사울처럼 주님 안에서 만족을 누리지 못한다는 데 있습니다.

사울은 잘못된 방식을 따르라는 유혹에 굴복했습니다. 자기 죄를 변명할 이야기를 지어냈습니다. 불순종의 책임을 다른 사람들에게 돌리고, 희생양을 만들어 자신의 실수를 만회하려고 했습니다. 자신은 여전히 꽤 괜찮은 사람이라고 주장한 것입니다. 사울의 입에서 사건을 왜곡한 이야기가 술술 흘러나온 것으로 보아 그는 다른 사람들을 속이기 위해 공들여 만든 기만적인 이야기를 스스로 믿었던 듯합니다. 자기 거짓말에 잠식된 것입니다.

죄에 직면하면, 우리도 사울처럼 불순종을 합리화하고, 성경적이지 않은 방식을 따를 수 있습니다. 자신의 불순종을 남의 탓으로 돌리거나, 교회에 특별 헌금을 내는 것으로 실수를 만회하려고 하거나, 적어도 '저 녀석'만큼 나쁜 사람은 아니라고 주장할 수도 있습니다. 그러나 이것은 출구가 없는 길일 뿐입니다. 일단 합리화를 시작하게 되면, 사울이 사무엘의 겉옷자락을 찢은 것처럼 우리 삶이 둘로 찢길 때까지 자신을 속이며 자신의 멸망을 스스로 자아내게 됩니다(삼상 15:27~28).

자기 합리화는 하나님이 원하시는 바가 아닙니다. 하나님은 회개를 원하십니다. 하나님이 원하시는 것은 제사가 아닌 순종입니다. 사울은 선택의 기회를 잃었지만, 우리는 아닙니다. 오늘날에도 '자기기만'과 '회개', 즉 '죽음'과 '생명' 사이의 선택권이 우리 각자 앞에 놓여 있습니다.

Q 우리는 어떤 식으로 자기 죄를 합리화하며 정당화합니까?

_____

_____

_____

3. 사람들의 인정에 목말라하면 몰락합니다(삼상 15:22~31)

²²사무엘이 이르되 여호와께서 번제와 다른 제사를 그의 목소리를 청종하는 것을 좋아하심같이 좋아하시겠나이까 순종이 제사보다 낫고 듣는 것이 숫양의 기름보다 나으니 ²³이는 거역하는 것은 점치는 죄와 같고 완고한 것은 사신 우상에게 절하는 죄와 같음이라 왕이 여호와의 말씀을 버렸으므로 여호와께서도 왕을 버려 왕이 되지 못하게 하셨나이다 하니 ²⁴사울이 사무엘에게 이르되 내가 범죄하였나이다 내가 여호와의 명령과 당신의 말씀을 어긴 것은 내가 백성을 두려워하여 그들의 말을 청종하였음이니이다 ²⁵청하오니 지금 내 죄를 사하고 나와 함께 돌아가서 나로 하여금 여호와께 경배하게 하소서 하니 ²⁶사무엘이 사울에게 이르되 나는 왕과 함께 돌아가지 아니하리니 이는 왕이 여호와의 말씀을 버렸으므로 여호와께서 왕을 버려 이스라엘 왕이 되지 못하게 하셨음이니이다 하고 ²⁷사무엘이 가려고 돌아설 때에 사울이 그의 겉옷자락을 붙잡으매 찢어진지라 ²⁸사무엘이 그에게 이르되 여호와께서 오늘 이스라엘 나라를 왕

에게서 떼어 왕보다 나은 왕의 이웃
에게 주셨나이다 ²⁹이스라엘의 지
존자는 거짓이나 변개함이 없으시
니 그는 사람이 아니시므로 결코 변
개하지 않으심이니이다 하니 ³⁰사
울이 이르되 내가 범죄하였을지라
도 이제 청하옵나니 내 백성의 장로
들 앞과 이스라엘 앞에서 나를 높

이사 나와 함께 돌아가서 내가 당신의 하나님 여호와께 경배하게 하소서
하더라 ³¹이에 사무엘이 돌이켜 사울을 따라가매 사울이 여호와께 경배
하니라

저녁 식사 초대를 받아 친구네 집을
방문했다고 상상해 보십시오. 식사를 마치
자 친구가 당신에게 이렇게 말합니다.

"나와 함께 위층에 올라가자. 바닥에
별 모양으로 촛불을 켜 놓았어. 신전 창녀
들과 즐기고, 염소를 제물로 바치고, 사탄에
게 충성을 맹세할 수도 있어. 하지만 걱정하
지 마. 일요일에는 평소대로 교회에 가면 되
니까."

이때 당신은 어떤 기분을 느낄까요?
당연히 섬뜩함을 느낄 것입니다

> "그렇다면, 사울은 왜 다윗과
> 달리 주님이 그를 용서해 주셨
> 다는 말을 듣기에 합당한 사람
> 으로 여겨지지 않았습니까? 하
> 나님이 편애하셔서입니까? 절
> 대 아닙니다! 인간의 귀에는 같
> 은 말이었지만, 하나님의 눈에
> 는 마음의 차이가 보였기 때문
> 입니다." [4]
>
> _어거스틴

이것이 바로 우리가 마음에도 없이 하는 '순종'에 관해 하나님이 느끼시
는 기분입니다. 사무엘은 부분적이거나 조건적이거나 지연된 순종은 점치는
수준의 거역으로 볼 수 있다고 말했습니다.

불행히도 교회의 많은 성도가 사울처럼 백 퍼센트에 미치지 못하는 순종
을 하면서도 전혀 문제의식을 느끼지 못합니다. 세금을 속이거나 학교 시험에
서 부정을 저지르기도 합니다. 진정한 사랑을 핑계로 미혼 남녀가 잠자리를 같

이 합니다. 용서해야 한다는 것을 알면서도 용서하기를 거부하고 고통을 부여잡습니다. 선교에의 부르심을 받지만 응답하기를 거부합니다.

종교적인 사람은 종종 종교의식으로 하나님께 대한 거역을 가리고, 격식을 차리는 것으로 순종을 대체하려는 유혹에 빠지곤 합니다. 한쪽에서는 불순종하면서 다른 쪽에서는 제물을 바침으로써 하나님께 '보상'하려고 듭니다. 선교사의 부르심을 거절하는 대신 교회에 십일조를 힘껏 바칩니다. 또는 불신자와의 교제를 끊는 대신 그 또는 그녀에게 그리스도를 전하리라 결심합니다. 혹은 하나님의 일에 돈을 쓰는 대신 '시간의 십일조'를 드리겠노라고 마음먹기도 합니다.

하지만 이것들은 모두 다양한 형태의 불순종에 불과합니다.

Q 왜 우리는 하나님의 명령에 온전히 순종하는 대신 부분적으로 순종하곤 할까요?

_____

_____

_____

본문은 사울의 독백으로 끝이 납니다. 회개처럼 보이지만 이어지는 이야기를 보면 알 수 있듯이 그는 진심으로 하나님께 돌아온 것이 아니었습니다. 25절을 보면, 사울이 모든 상황을 여전히 잘못 생각하고 있음을 알 수 있습니다. 그는 '여호와께 경배하기'를 원한다면서도 함께 찬양하거나 다른 사람의 발을 씻어 주는 일은 염두에 두지 않았습니다. 사울은 승리하게 해 주신 것에 대해 국가적인 감사 제사를 드리려고 했습니다. 거창한 기념식을 원했던 것입니다.

사무엘은 공식적인 제사 의식을 거행할 수 있는 유일한 인물이었습니다. 사무엘이 거절한다면, 사울의 체면은 구겨지게 됩니다. 애석하게도 사울은 바로 이 점을 염려했습니다. 그의 주요 관심사는 오직 사람들의 눈에 자신이 어떻게 비칠까 하는 것뿐이었습니다. 여전히 자기 위상만 걱정한 것입니다.

많은 사람이 하나님 앞에서 흉악한 죄를 저질렀다는 사실보다 자신의 죄가 세상에 들춰지는 것을 더 두려워합니다. 죄가 드러나면 본인도 괴로울 테지만, 그 일로 인해 가장 마음 상할 분은 죄를 낱낱이 아시는 하나님이라는 사실을 완전히 무시합니다.

사무엘이 떠나려고 하자 사울이 그의 겉옷 자락을 움켜잡았습니다. "찌익!" 사무엘이 찢어진 옷을 내려다보며 이렇게 말합니다. "하나님이 어리석은 당신에게서 왕국을 떼어 내어 당신보다 나은 이웃 사람에게 주실 것이오." 그 사람이 바로 '다윗'입니다. 다윗은 완벽한 왕은 아니었지만, 회개하는 법을 알았으며 자신뿐 아니라 하나님 나라를 위해 어떻게 회개해야 하는지 알고 있었습니다.

Q 죄에 대한 진정한 회개와 죄의 결과에 대한 단순한 후회는 어떤 차이가 있습니까?

_____

_____

_____

Q 당신은 회개와 후회를 어떻게 구별합니까?

_____

_____

_____

초대 왕 사울이 불합한 이유

결론

앞서 우리는 사울이 보잘것없을 때 하나님이 그를 왕으로 삼으셨다고 사무엘이 지적하는 것을 보았습니다. 사울은 하나님의 놀라운 은혜에 감사함으로 반응했어야 합니다. 그는 자기 삶을 장악하려는 죄의 힘을 하나님이 주신 값진 은혜로 깨뜨렸어야 합니다. 하지만 그는 스스로 강퍅해짐으로써 하나님의 은혜를 거슬렀습니다.

복음의 위대한 소식은 그리스도께서 사울 왕과 달리 우리를 위해 온전히 순종하셨다는 것입니다. 그분은 사탄을 따르는 자들에게 고초를 당하시고, 우리 대신 죽으셨습니다. 주님이 억울하게 죽임당하심으로써 우리가 성도로 받아들여질 수 있었습니다. 그분의 순종으로 말미암아 우리가 믿기만 한다면, 하나님이 우리를 거두어 주십니다. 다른 누구보다 예수님의 인정이 중요합니다. 복음을 받아들일 때, 우리 삶에서 불순종의 힘이 깨지고 걱정, 불만, 불안, 두려움 등으로부터 자유로워질 수 있습니다.

그리스도와의 연결

사울은 하나님의 말씀을 거역함으로써 왕위를 더 이상 유지할 수 없게 되었습니다. 이스라엘은 하나님께 온전히 순종하는 사람이 다스리는 영원한 왕국이 되어야 했습니다. 예수님의 완전한 순종을 통해 하나님은 자기 백성을 영원히 다스리실 것입니다.

하나님의 계획
우리의 사명

하나님은 우리가 의를 위선적으로 과시하는 일을 버리고, 세상이 주의 구원을 알도록 그분의 목적과 계획에 온전히 순종하라고 요구하십니다.

1. 당신 삶에서 의의 위선적인 과시를 회개해야 할 부분이 있다면 무엇인가요?

   _____

   _____

   _____

2. 어떻게 하면 죄를 합리화하거나 정당화하느라 늘어놓는 변명을 간파하고 사랑으로 서로 도울 수 있을까요?

   _____

   _____

   _____

3. 예수님의 복음을 전하는 데 있어서 하나님이 당신에게 어느 정도의 순종을 요구한다고 생각합니까?

   _____

   _____

   _____

초대 왕 사울이 불합한 이유

*
금주의 성경 읽기
삼상 9~16장

자기 백성을 위해 싸우는 왕

 신학적
주제) 하나님의 백성은 그들 편에서 적을 물리쳐 줄 전사 같은 왕이
필요합니다.

Session
3

　　우리는 다윗을 양치기 소년으로 처음 만났습니다. 아무도 그가 왕이 되리라고 기대하지 않을 때였습니다. 그의 등장은 그다지 인상적이지 못했습니다. 솔직히 말해서 그는 모든 면에서 너무 평범했습니다. 그러나 그는 하나님의 공급하심을 신뢰하며 승리해 내는 왕이 될 것입니다. 거인을 거꾸러뜨린 소년 영웅 다윗은 아마 성경에서 가장 유명한 인물일 것입니다.

> "성경 본문은 '다윗'이라는 사람을 숭배하는 것이 아니라, 하나님의 영이 사람과 더불어 어떻게 행하시는지를 곰곰이 생각해 보게끔 합니다."[1]
>
> _D. A. 카슨

Q 사람들은 약자가 끝내 승리하는 이야기를 무척 좋아합니다. 당신이 목격한 약자의 승리 중에 놀라웠던 것은 무엇입니까?

_____

_____

Date 　　　．　　　．

예기치 못한 놀라운 승리를 목격하면, 당신 안에서 어떤 감정과 생각이 끓어오릅니까?

이 세션에서 우리는 사울 왕을 버리신 하나님이 이새의 아들 다윗에게 기름을 붓도록 사무엘 선지자에게 명령하신 이야기를 살펴볼 것입니다. 다윗의 이야기를 통해 하나님은 세속적인 기준으로 사람을 판단하지 않으신다는 사실을 알게 될 것입니다. 골리앗에 맞선 다윗의 모습은 자기 백성을 위해 결정적인 승리를 거두시는 하나님의 신실하심과 구원하심을 신뢰하는 왕의 표본입니다. 하나님의 백성에게는 그들 편에서 적을 물리쳐 줄 전사 같은 왕이 필요했습니다. 다윗의 이야기에서 우리는 하나님께 불타는 마음으로 순종하는 본보기를 볼 수 있을 뿐만 아니라, 우리에게 필요한 약속의 왕을 살짝 엿볼 수 있습니다.

1. 하나님이 세우시는 왕은 세속적인 기준을 따르지 않습니다

(삼상 16:1~13)

[1]여호와께서 사무엘에게 이르시되 내가 이미 사울을 버려 이스라엘 왕이 되지 못하게 하였거늘 네가 그를 위하여 언제까지 슬퍼하겠느냐 너는 뿔에 기름을 채워 가지고 가라 내가 너를 베들레헴 사람 이새에게로 보내리니 이는 내가 그의 아들 중에서 한 왕을 보았느니라 하시는지라 [2]사무엘이 이르되 내가 어찌 갈 수 있으리이까 사울이 들으면 나를 죽이리이다 하니 여호와께서 이르시되 너는 암송아지를 끌고 가서 말하기를 내가 여호와께 제사를 드리러 왔다 하고 [3]이새를 제사에 청하라 내가 네게 행할 일을 가르치리니 내가 네게 알게 하는 자에게 나를 위하여 기름을 부을지니라 [4]사무엘이 여호와의 말씀대로 행하여 베들레헴에 이르매 성

읍 장로들이 떨며 그를 영접하여 이르되 평강을 위하여 오시나이까 ⁵이르되 평강을 위함이니라 내가 여호와께 제사하러 왔으니 스스로 성결하게 하고 와서 나와 함께 제사하자 하고 이새와 그의 아들들을 성결하게 하고 제사에 청하니라 ⁶그들이 오매 사무엘이 엘리압을 보고 마음에 이르기를 여호와의 기름 부으실 자가 과연 주님 앞에 있도다 하였더니 ⁷여호와께서 사무엘에게 이르시되 그의 용모와 키를 보지 말라 내가 이미 그를 버렸노라 내가 보는 것은 사람과 같지 아니하니 사람은 외모를 보거니와 나 여호와는 중심을 보느니라 하시더라 ⁸이새가 아비나답을 불러 사무엘 앞을 지나가게 하매 사무엘이 이르되 이도 여호와께서 택하지 아니하셨느니라 하니 ⁹이새가 삼마로 지나게 하매 사무엘이 이르되 이도 여호와께서 택하지 아니하셨느니라 하니라 ¹⁰이새가 그의 아들 일곱을 다 사무엘 앞으로 지나가게 하나 사무엘이 이새에게 이르되 여호와께서 이들을 택하지 아니하셨느니라 하고 ¹¹또 사무엘이 이새에게 이르되 네 아들들이 다 여기 있느냐 이새가 이르되 아직 막내가 남았는데 그는 양을 지키나이다 사무엘이 이새에게 이르되 사람을 보내어 그를 데려오라 그가 여기 오기까지는 우리가 식사 자리에 앉지 아니하겠노라 ¹²이에 사람을 보내어 그를 데려오매 그의 빛이 붉고 눈이 빼어나고 얼굴이 아름답더라 여호와께서 이르시되 이가 그니 일어나 기름을 부으라 하시는지라 ¹³사무엘이 기름 뿔병을 가져다가 그의 형제 중에서 그에게 부었더니 이 날 이후로 다윗이 여호와의 영에게 크게 감동되니라 사무엘이 떠나서 라마로 가니라

하나님은 사무엘에게 이새의 아들 중에서 이스라엘의 다음 왕을 찾는 임무를 주셨습니다.

큰아들 엘리압이 가장 먼저 나와 왕이 될 만한 인물인지 선보였습니다. 사무엘은 엘리압을 보자마자 그가 하나님이 선택하신 사람이라고 생각했습니다. 그는 잘생긴데다 키도 크고 건장해 보였기 때문입니다. 그는 충분히 왕이 될 만한 인물로 보였습니다.

그러나 하나님은 그를 별로 대단하게 여기지 않으셨습니다. 하나님에게

엘리압의 외모나 키나 풍채는 별 의미가 없었습니다. 하나님은 인간적인 기준으로 우리를 판단하지 않으십니다. 하나님은 우리와 달리 중심을 보십니다.

Q "하나님은 중심을 보신다"라는 진리는 어떤 면에서 좋은 소식인 동시에 나쁜 소식이 됩니까?

다윗의 형제들을 모두 거절한 사무엘이 마침내 막내아들 다윗에 관해 물었습니다. 다윗은 양치기였습니다. 이스라엘에서 너도나도 탐낼 만한 직업은 아니었습니다. 게다가 다윗은 형제 중에 체구가 가장 작았습니다. 그의 아버지 이새조차 막내아들이 왕이 되리라는 생각을 하지 않았습니다. 이

> "때로는 연약함에서 하나님의 능력이 가장 확실히 감지되며, 때로는 거꾸로 가는 것처럼 보이는 데서 영적 발걸음을 내딛기도 합니다."[2]
> _트레빈 왁스

는 다윗이 그를 가장 잘 아는 사람들에게도 외적으로는 별로 인상적이지 않았음을 암시합니다. 그런데도 하나님은 그를 선택하셨습니다.

이제 다윗은 특별한 삶을 살아가게 될 것입니다. 그 자신은 평범했지만, 그의 일생에 온갖 특별한 일이 벌어졌다는 사실을 놓쳐서는 안 됩니다. 다윗은 비범하신 하나님의 능력에 어느 정도 접근할 수 있었는데, 이것은 자신을 특별하게 여기지 않았기 때문에 가능했습니다. 자신의 위대함을 전적으로 확신했던 사울과는 뚜렷하게 대조되는 부분입니다.

Q 어떤 경우에 외모나 사회적 지위를 보고 사람을 섣불리 판단하게 됩니까?

Q 이 이야기는 다른 사람을 그릇 판단하는 데 관해 어떤 경고를 줍니까?

_____

_____

_____

2. 하나님이 세우시는 왕은 주의 구원하심을 신뢰합니다
(삼상 17:20~26, 33~37)

이새가 다윗을 보내 전장에 있는 형제들에게 안부를 전하는 장면을 살펴보겠습니다.

> ²⁰다윗이 아침에 일찍이 일어나서 양을 양 지키는 자에게 맡기고 이새가 명령한 대로 가지고 가서 진영에 이른즉 마침 군대가 전장에 나와서 싸우려고 고함치며, ²¹이스라엘과 블레셋 사람들이 전열을 벌이고 양군이 서로 대치하였더라 ²²다윗이 자기의 짐을 짐 지키는 자의 손에 맡기고 군대로 달려가서 형들에게 문안하고 ²³그들과 함께 말할 때에 마침 블레셋 사람의 싸움 돋우는 가드 사람 골리앗이라 하는 자가 그 전열에서 나와서 전과 같은 말을 하매 다윗이 들으니라 ²⁴이스라엘 모든 사람이 그 사람을 보고 심히 두려워하여 그 앞에서 도망하며 ²⁵이스라엘 사람들이 이르되 너희가 이 올라 온 사람을 보았느냐 참으로 이스라엘을 모욕하러 왔도다 그를 죽이는 사람은 왕이 많은 재물로 부하게 하고 그의 딸을 그에게 주고 그 아버지의 집을 이스라엘 중에서 세금을 면제하게 하시리라 ²⁶다윗이 곁에 서 있는 사람들에게 말하여 이르되 이 블레셋 사람을 죽여 이스라엘의 치욕을 제거하는 사람에게는 어떠한 대우를 하겠느냐 이 할례 받지 않은 블레셋 사람이 누구이기에 살아 계시는 하나님의 군대를 모욕하겠느냐

다윗이 곁에 서 있던 이스라엘 병사들에게 두 가지 질문을 던졌습니다.

두 번째 질문이 더 중요한데, 다윗의 진짜 동기가 무엇인지를 보여 주기 때문입니다. 그의 관심은 하나님의 영광에 있었습니다.

> "다윗과 골리앗 이야기는 그리스도인의 믿음의 원천이 무엇인지 생생히 보여 줍니다. 믿음은 자신의 덩치나 힘이나 자원이 아닌 전능하신 하나님의 능력에 기인합니다." [3]
>
> _헨리 블랙커비

불행하게도 우리는 이 이야기에서 비극적인 역설을 발견하게 됩니다. 즉 그리스도인을 낙담시키는 가장 큰 반대는 하나님의 편에 서야 할 사람들에게서 나온다는 것입니다. 골리앗은 정말로 무시무시한 상대였습니다. 그런데 그곳에는 담대한 믿음으로 맞서려는 사람을 어떻게 해서든 막으려는 이들이 있었습니다. 다윗의 형 엘리압이 그랬습니다(28절). 때로는 비겁한 하나님의 사람들이 하나님의 일에 가장 큰 장애물이 되곤 합니다.

Q 우리는 (의식적 혹은 무의식적으로) 하나님의 능력을 의지하는 다른 사람들의 믿음을 어떤 식으로 꺾어 버립니까?

골리앗에 도전하겠다고 나선 자가 있다는 소식이 사울 왕에게 전해졌습니다(31절). 그러나 다윗을 본 사울은 다윗의 형제들과 똑같은 반응을 보입니다.

33사울이 다윗에게 이르되 네가 가서 저 블레셋 사람과 싸울 수 없으리니 너는 소년이요 그는 어려서부터 용사임이니라 34다윗이 사울에게 말하되 주의 종이 아버지의 양을 지킬 때에 사자나 곰이 와서 양 떼에서 새끼를 물어가면 35내가 따라가서 그것을 치고 그 입에서 새끼를 건져내었고 그것이 일어나 나를 해하고자 하면 내가 그 수염을 잡고 그것을 쳐죽였나이다 36주의 종이 사자와 곰도 쳤은즉 살아 계시는 하나님의 군대를 모욕한 이 할례 받지 않은 블레셋 사람이리이까 그가 그 짐승의 하나와 같이 되리이다 37또 다윗이 이르되 여호와께서 나를 사자의 발톱과 곰의

*발톱에서 건져내셨은즉 나를 이 블레셋 사람의 손에서도 건져내시리이
다 사울이 다윗에게 이르되 가라 여호와께서 너와 함께 계시기를 원하
노라*

다윗은 주변 사람들이 낙담시키는 말에 흔들리지 않았습니다. 그는 이미
기름 부음 받은 왕이었으며, 하나님의 능력을 신뢰했습니다. 게다가 초원에서
실전 같은 훈련을 쌓았으니, 사자나 곰에 비하면 골리앗은 대단한 상대는 아니
었습니다.

오늘날 우리에게 주어진 '초원'을 경멸하거나, 우리가 겪는 고난을 원망
스럽게 여겨서는 안 됩니다. 그것은 주의 구원하심을 신뢰하는 마음을 갖게 하
기 위한 하나님의 훈련장이기 때문입니다.

Q 지금 당신은 어떤 '초원'에 서 있습니까? 또는 과거에 경험했던 '초원'은 어떤 곳이었습
니까?

_____

_____

_____

Q 그 경험을 통해 하나님을 향한 믿음이 어떻게 달라졌습니까?

_____

_____

_____

3. 하나님이 세우시는 왕은 주의 백성을 위해 결정적인 승리를 거둡니다(삼상 17:45~51)

⁴⁵다윗이 블레셋 사람에게 이르되 너는 칼과 창과 단창으로 내게 나아 오거니와 나는 만군의 여호와의 이름 곧 네가 모욕하는 이스라엘 군대의 하나님의 이름으로 네게 나아가노라 ⁴⁶오늘 여호와께서 너를 내 손에 넘기시리니 내가 너를 쳐서 네 목을 베고 블레셋 군대의 시체를 오늘 공중의 새와 땅의 들짐승에게 주어 온 땅으로 이스라엘에 하나님이 계신 줄 알게 하겠고 ⁴⁷또 여호와의 구원하심이 칼과 창에 있지 아니함을 이 무리에게 알게 하리라 전쟁은 여호와께 속한 것인즉 그가 너희를 우리 손에 넘기시리라 ⁴⁸블레셋 사람이 일어나 다윗에게로 마주 가까이 올 때에 다윗이 블레셋 사람을 향하여 빨리 달리며 ⁴⁹손을 주머니에 넣어 돌을 가지고 물매로 던져 블레셋 사람의 이마를 치매 돌이 그의 이마에 박히니 땅에 엎드러지니라 ⁵⁰다윗이 이같이 물매와 돌로 블레셋 사람을 이기고 그를 쳐죽였으나 자기 손에는 칼이 없었더라 ⁵¹다윗이 달려가서 블레셋 사람을 밟고 그의 칼을 그 칼 집에서 빼내어 그 칼로 그를 죽이고 그의 머리를 베니 블레셋 사람들이 자기 용사의 죽음을 보고 도망하는지라

다윗과 골리앗의 이야기는 눈을 떼지 못할 정도로 흥미진진합니다. 그런데 흥미진진한 대결이었다는 것 외에 우리가 골리앗을 이긴 다윗에게서 배울 수 있는 교훈은 무엇입니까?

오늘날 이 이야기는 약자의 비유로 자주 사용됩니다. "자기 자신을 믿기만 하면 어떤 상황도 이겨낼 수 있다"는 메시지로 받아들입니다. 그러나 안타깝게도 이것은 핵심에서 벗어난 것입니다. 하나님은 우리가 이 이야기를 읽고 마음만 먹으면 무엇이든 이룰 수 있다는 확신을 가지고 건방지게 나서기를 바라지 않으십니다. 물론 우리는 다윗이 매우 불리한 상황을 어떻게 이겨 냈는지, 그의 용기를 보고 통찰력을 얻을 수 있습니다. 하지만 그것이 이 이야기의 핵심이 아닙니다.

이야기 속에 나오는 이스라엘 백성과 자신을 동일시해 보십시오. 다윗이 이기기를 바라는 이스라엘 백성의 마음을 이해할 수 있을 것입니다. 이스라엘 백성처럼 우리도 우리 대표가 승리하기를 기도하게 될 것입니다.

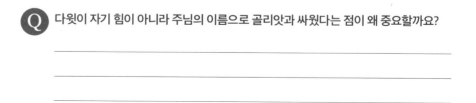

"우리의 영적인 다윗이신 예수 그리스도께서 그분의 거룩하신 의로움으로 우리 죄를 제하시고, 그분의 영원한 생명으로 죽음을 멸하셨습니다. … 이것이 즐거운 복음입니다. 성령님은 이 복음으로 회개하는 심령과 고난당하는 심령을 모두 위로해 주십니다."[4]

_더크 필립스

다윗은 자신 있게 전선에 뛰어들었지만, 스스로 대단한 자격이 있다고 생각해서 나간 것이 아닙니다. 다윗은 이 전쟁을 이스라엘의 하나님과 세상 신들과의 전쟁으로 보았던 것입니다. 그가 이스라엘을 대표해 승리했을 때, 온 이스라엘이 그와 함께 기쁨을 나눴습니다. 실제로 그들이 한 일은 아무것도 없었는데도 말입니다.

Q 다윗이 자기 힘이 아니라 주님의 이름으로 골리앗과 싸웠다는 점이 왜 중요할까요?

우리는 우리를 대표해 악에 맞서 승리할 존재가 필요하다는 점에서 이스라엘 백성과 비슷한 처지에 있습니다. 인본주의의 가장 크고 근본적인 문제는 죄로 인해 인간이 하나님과 단절된다는 점에 있습니다. 이것은 모든 문제 뒤에 숨은 문제이기도 합니다. 이스라엘 백성과 마찬가지로 우리도 그것에 관해 딱히 할 수 있는 일이 없습니다. 사실 뭔가를 하고 싶어도 우리 힘으로 할 수 있는 일이 아무것도 없습니다.

우리는 이스라엘 백성처럼 죄, 죽음, 사탄 같은 위협들을 무시한 채 자기

장막 안에 숨어 있습니다. 이스라엘 백성처럼 우리도 우리 편에서 악에 맞서 싸워 줄 대표자가 필요합니다.

이 이야기는 하나님이 또 다른 전쟁에서 결정적인 승리를 거두실 만 왕의 왕 예수 그리스도를 예비하시는 모습을 보여 주기도 합니다. 아무도 그분에게서 승리를 기대하거나 그분을 앞세워 승리하려고 하지 않았지만, 그분은 자기 죽음과 부활을 통해 구원의 능력을 보이실 것입니다. 그리고 언젠가 다시 오셔서 사탄을 처단하고 백성을 죄와 사망에서 건져 주실 것입니다.

핵심교리 99

52. 왕이신 그리스도

하나님은 하늘에서나 땅에서나 과거 영원에서부터 언제나 자기 왕국을 통치하는 왕이십니다. 그런데 두 영역에서 피조물 가운데 일부가 그분을 거슬러 반역했으며, 그 여파로 세상이 파괴되었습니다. 자신의 무너진 세상을 회복하기 위해 하나님은 자기 백성을 구원하고, 모든 피조물을 회복시킬 왕을 약속하셨습니다. 장차 오실 왕의 약속은 예수 그리스도 안에서 성취되었으며, 예수님이 자신의 신부인 교회를 위해 다시 오실 때 언약이 완전히 성취될 것입니다.

다윗과 골리앗 이야기와 그리스도의 사역 사이에는 어떤 유사점이 있습니까?	다윗과 골리앗 이야기와 그리스도의 사역 사이에는 어떤 차이점이 있습니까?

결론

다윗의 삶을 통해 우리는 하나님이 선택하시는 왕은 하나님을 경외하며 그분의 백성을 위해 싸운다는 사실을 배웁니다. 한 발 뒤로 물러나 성경의 큰 그림을 보면, 훗날 하나님이 궁극의 왕을 어떻게 보내실지 알 수 있습니다. 우리 눈으로 그분을 알아채지 못했지만, 하나님은 우리 구원을 위

> "그리스도를 신뢰하고, 모든 것을 권능의 하나님께 의탁하며, 하나님만이 홀로 높임을 받으셔야 한다고 여기는 것, … 이것이 바로 모든 무기를 이겨 온 믿음입니다."[5]
>
> _놀라의 파울리누스

해 그분을 이 땅에 보내셨습니다. 그분은 우리를 위해 결정적인 승리를 거두신 왕이십니다. 여전히 죄에 잡혀 구원을 필요로 하는 모든 사람에게 하나님 나라의 소망을 전하도록 우리에게 보내 주신 왕입니다.

그리스도와의 연결

우리는 다윗에게서 하나님의 능력을 신뢰하는 용기있는 믿음을 볼 수 있습니다. 또한 성경의 큰 그림과 장차 오실 왕의 모습을 어렴풋이 엿볼 수 있습니다. 아무도 그 왕에게서 승리를 기대하거나 그 왕을 앞세워 싸움에서 이기려고 하지 않았지만, 그분은 자기 죽음과 부활을 통해 큰 구원을 이루셨습니다.

하나님의 계획
우리의 사명

십자가 권세를 통해 죄 사함을 받은 하나님의 백성은 열방의 심판을 바라기보다 은혜의 선포를 통해 세상 사람 모두가 복음을 듣고 하나님의 영광스러운 사랑과 은혜 안으로 밀려들어 오기를 바랍니다.

1. 왕이신 예수님은 세속적인 요구에 영합하는 대신 어떤 식으로 그 요구를 대체하십니까?

   _____

   _____

   _____

2. 십자가를 통한 예수님의 구원은 열방에 복음을 전하는 우리의 사명을 어떻게 고무시킵니까?

   _____

   _____

   _____

3. 소그룹/교회가 주 예수의 이름으로 하나님의 은혜를 나누는 데 적극 나서도록 할 수 있는 방법들을 생각해 봅시다.

   _____

   _____

   _____

자기 백성을 위해 세우는 왕

＊
금주의 성경 읽기
시 59편; 91편

친구가 되어 주시는 왕

 신학적 주제) 하나님의 백성에게는 하나님 안에서 나누는 우정이 필요합니다.

Session 4

불과 20여 년 전만 해도 누군가가 수백, 수천 명의 '친구'가 있다고 말한다면 과장이 지나치다고 여겼을 것입니다. 그런데 오늘날 페이스북 계정을 가진 사람들을 보면 이것은 지나친 말이 아닙니다. 그러나 사실 그들에게 서로 잘 아는 친구 사이라고 말할 수 있는 관계는 그리 많지 않습니다.

우리 시대의 문제는 주변에 사람이 없다는 것이 아닙니다. 사람들과 늘 마주치니 말입니다. 문제는 진정한 친구가 없다는 것입니다. 우리는 지나칠 정도로 서로 연결되어 있으면서도 그 관계가 놀랄 만큼 피상적입니다. 우정에 관한 개념이 바뀜에 따라 가까운 친구들과의 관계에까지 영향을 미쳐서 피상적인 관계로 만족하게 합니다.

> "나는 빛 가운데 홀로 있기보다 친구와 함께 어둠 속을 걷는 편을 택하겠습니다."[1]
> _헬렌 켈러

 어린 시절 가장 친했던 친구는 누구입니까? 그 친구와 어떻게 가까워지게 되었습니까?

Date . .

이 세션에서 우리는 성경에서 우정의 가장 훌륭한 예로 꼽히는 다윗과 요나단의 이야기를 살펴볼 것입니다. 요나단은 친구 다윗의 안녕을 위해 전적으로 헌신하고, 그를 위해 자기 행복을 포기하며, 믿음으로 그의 힘을 북돋워 줌으로써 진실한 친구가 무엇인지 보여 주었습니다. 요나단은 우리의 가장 충실하고 좋은 친구인 예수 그리스도를 가리키는 본보기이기도 합니다. 예수님은 우정의 의미를 새롭게 하시며 우리를 변화시켜서 그리스도 안에 있는 형제자매들의 참된 친구가 되게 하십니다.

1. 참된 우정은 언약에 기초합니다(삼상 18:1~3)

¹다윗이 사울에게 말하기를 마치매 요나단의 마음이 다윗의 마음과 하나가 되어 요나단이 그를 자기 생명같이 사랑하니라 ²그날에 사울은 다윗을 머무르게 하고 그의 아버지의 집으로 다시 돌아가기를 허락하지 아니하였고 ³요나단은 다윗을 자기 생명같이 사랑하여 더불어 언약을 맺었으며

왕족의 계보를 조금만 알면 이들의 우정이 진실하다는 것을 확인할 수 있습니다. 요나단은 사울 왕의 맏아들로 왕위 계승자였습니다. 요나단이 서열 1위이긴 했지만, 다윗은 하나님이 지명하신 차기 왕으로 기름 부음을 받은 사람이었습니다. 그렇다면 요나단과 다윗은 경쟁 관계가 아닙니까? 요나단이 다윗을 위협으로 여기지 않았을까요? 대게는 그럴 테지만, 이들은 친한 친구가 되었습니다. 요나단이 다윗을 자기 생명같이 사랑해 더불어 언약을 맺을 정도로 친해졌습니다.

언약은 피차 필요한 관계에서 맺어집니다. 언약은 자신을 사랑하는 것처럼 다른 누군가를 사랑하는 데서 시작됩니다. 언약에서 가장 중요한 것은 관계

입니다. 이것은 관계가 불신이 아닌 신뢰에 기초해야 함을 의미합니다. 그렇지만 언약에서 가장 중요한 점은 당사자들이 서로 책임지도록 언약을 성문화하는 것입니다.

결혼을 생각해 보십시오. 하나님은 결혼을 인간의 필요를 충족하기 위한 중개 수단으로 만드시지 않았습니다. 결혼이란 남편과 아내가 건강할 때나 병들 때나, 부유할 때나 가난할 때나, 더 좋아지거나 더 나빠질 때나 상관없이 서로를 우선하기로 하는 약속입니다.

요나단의 헌신은 조건 없이 맹세한 우정이라는 점에서 언약적이라고 할 수 있습니다. 그는 다윗에게 맹세했습니다. 그가 어떻게든 다윗을 도우려 했다는 사실은 그가 왕좌를 향한 욕망보다 친구와의 관계를 우선시했다는 증거가 됩니다.

> "이편을 다 드러내지 않고 받는 사랑은 위안이 될지는 몰라도 피상적일 수밖에 없습니다. 실상이 알려져 사랑받지 못하게 되는 사태는 더없이 두렵기만 합니다. 반면 이편의 실체를 낱낱이 드러내고도 아낌없이 사랑을 받으면 마치 하나님의 사랑을 입는 느낌이 들 것입니다. 우리에게 가장 필요한 것은 이것입니다. 이런 사랑은 허울을 벗겨 주고, 독선을 버리고 겸손하게 하며, 삶이 어떤 어려움을 던져 주든지 꿋꿋이 맞설 용기를 가져다줍니다."[2]
> _팀 켈러

Q 친구가 오로지 이기적인 이유로 당신과 사귄다고 느낀 적이 있습니까? 어떤 경우였습니까?

Q 친구가 사심 없이 진정으로 당신에게 마음을 쓴다고 느낀 적이 있습니까? 어떤 경우였습니까?

부모와 자식 간의 헌신을 생각해 보십시오.
좋은 부모에게서 찾아볼 수 있는 끝없는 사랑의 자세인 "내가 언제나 너와 함께할게" 식의 사랑이 요나단과 다윗의 우정에서도 보입니다. 요나단은 자신을 사랑하는 것처럼 다윗을 사랑했는데, 그는 훗날 예수님이 명하신 일을 성취한 셈입니다. "무엇이든지 남에게 대접을 받고자 하는 대로 너희도 남을 대접하라"(마 7:12). "네 이웃을 네 자신같이 사랑하라"(마 22:39).

> *"친구란 다른 무엇 때문이 아니라 바로 그 사람이어서 마음껏 사랑받아야만 합니다."* [3]
> _어거스틴

 Q 사심 없이 헌신하는 우정에 방해가 되는 걸림돌은 무엇입니까?

_____

_____

2. 참된 우정은 친구를 위해 자기 행복을 내겁니다(삼상 19:1~7)

[1]사울이 그의 아들 요나단과 그의 모든 신하에게 다윗을 죽이라 말하였더니 사울의 아들 요나단이 다윗을 심히 좋아하므로 [2]그가 다윗에게 말하여 이르되 내 아버지 사울이 너를 죽이기를 꾀하시느니라 그러므로 이제 청하노니 아침에 조심하여 은밀한 곳에 숨어 있으라 [3]내가 나가서 네가 있는 들에서 내 아버지 곁에 서서 네 일을 내 아버지와 말하다가 무엇을 보면 네게 알려 주리라 하고 [4]요나단이 그의 아버지 사울에게 다윗을 칭찬하여 이르되 원하건대 왕은 신하 다윗에게 범죄하지 마옵소서 그는 왕께 득죄하지 아니하였고 그가 왕께 행한 일은 심히 선함이니이다 [5]그가 자기 생명을 아끼지 아니하고 블레셋 사람을 죽였고 여호와께서는 온 이스라엘을 위하여 큰 구원을 이루셨으므로 왕이 이를 보고 기뻐하셨거늘 어찌 까닭 없이 다윗을 죽여 무죄한 피를 흘려 범죄하려 하시나이까 [6]사울이 요나단의 말을 듣고 맹세하되 여호와께서 살아 계심을 두고 맹세하거니와 그가 죽임을 당하지 아니하리라 [7]요나단이 다윗을 불러 그 모든 일을 그에게 알리고 요나단이 그를 사울에게로 인도하니 그가 사울 앞에 전과 같이 있었더라

당시 요나단은 다윗과의 관계에서 얻을 것이 아무것도 없었습니다. 오히려 전부를 잃을 지경이었습니다. 생각해 보십시오. 요나단은 왕이 될 사람이었습니다. 그런 그가 문자 그대로 자기 옷을 벗어서 다윗에게 주었습니다(삼상 18:3~4). 그는 이렇게 말한 셈입니다.

"내가 물려받을 왕좌와 유산과 마땅히 '내 것'인 것들을 모두 네 발 앞에 내려놓고, 네게 헌신을 맹세하겠다."

요나단은 다윗을 위해 희생했습니다. 그는 자신이 언약한 대로 살았습니다. 심지어 상황이 어려워졌을 때조차도 그랬습니다. 다윗이 역경에 처했을 때도 요나단은 함께했습니다. 다윗이 죽음의 문턱에 닿았을 때도 요나단은 함께했습니다. 모든 것이 다윗에게 불리하게 돌아갈 때조차도 요나단은 그와 함께했습니다.

Q 친구가 당신을 위해 위험을 무릅쓴 적이 있습니까? 어떤 일이었습니까?

_____

_____

Q 그 친구의 행동은 당신에 대한 헌신과 어떤 연관성이 있을까요?

_____

_____

요나단이 감수한 위험이 무엇인지는 그가 다윗을 대신해 자기 아버지 사울 왕에게 간청한 것을 보면 알 수 있습니다. 그는 아버지가 그릇된 길로 나가고 있다는 사실을 알고 있었습니다. 요나단은 아버지의 기대를 거스르거나 다윗을 감싸는 말을 함으로써 아버지의 분노를 고스란히 뒤집어써야 했습니다. 실제로 요나단이 다윗을 옹호하자 사울이 분노에 가득 차서 자기 아들, 자신의 후계자를 죽이려고까지 했습니다(삼상 20:32~33). 요나단이 다윗과의 약속을 지키는 내내 아버지와의 관계는 점점 더 악화되었습니다. 하지만 그는 누가 주님 편에 서 있는지를 알고 있었습니다. 그래서 우정의 서약을 계속해서 신실하게 지킬 수 있었습니다.

하나님은 자기 평판이나 안위나 안녕을 기꺼이 던질 수 있는 친구가 우리에게 필요하다는 것을 아십니다. 하지만 그런 친구를 갖는 것과 스스로 그런 친구가 되어 주는 것은 별개의 일입니다.

> "하나님의 진리는 '관계' 안에서 가장 효과적으로 배워 나갈 수 있습니다. 우정에는 은혜의 약속이 담겨 있기 때문입니다!"[4]
>
> _R. 켄트 휴스

 요나단이 다윗에게 그랬던 것처럼 당신도 친구에게 사심 없이 한결같은 호의를 베푼 적이 있습니까?

_____

_____

3. 참된 우정은 서로의 믿음을 강건하게 합니다(삼상 23:15~18)

> [15]다윗이 사울이 자기의 생명을 빼앗으려고 나온 것을 보았으므로 그가 십 광야 수풀에 있었더니 [16]사울의 아들 요나단이 일어나 수풀에 들어가서 다윗에게 이르러 그에게 하나님을 힘 있게 의지하게 하였는데 [17]곧 요나단이 그에게 이르기를 두려워하지 말라 내 아버지 사울의 손이 네게 미치지 못할 것이요 너는 이스라엘 왕이 되고 나는 네 다음이 될 것을 내 아버지 사울도 안다 하니라 [18]두 사람이 여호와 앞에서 언약하고 다윗은 수풀에 머물고 요나단은 자기 집으로 돌아가니라

다윗은 집을 떠나 두려움에 떨며 도망 다녔습니다. 그의 소식을 들은 요나단이 행동에 나섰습니다. 역사가들은 이때 요나단이 걸어서 이동한 거리가 약 48km 정도였다고 말합니다. 친구를 살펴보러 가는 길치고는 엄청난 거리입니다. 그러나 요나단은 사람들이 모두 멀어질 때 오히려 다가가는 사람이야말로 진정한 친구임을 알았습니다. 그래서 그는 걷고 또 걸었습니다.

요나단은 소극적인 친구가 아니었습니다. 그는 시간을 들였고, 에너지를 쏟았으며, 자기 행복까지 던졌습니다. 모두 친구 다윗이 믿음 안에서 강해지기

를 바라는 마음에서였습니다.

Q 소극적인 우정의 예를 들어 보십시오.

_____

_____

_____

Q 어떻게 하면 더욱 적극적으로 친구의 믿음을 강건하게 할 수 있을까요?

_____

_____

_____

우리에게는 하나님을 가리켜 보이며, 주님의 뜻대로 행하도록 힘을 주는 이들이 필요합니다. 다윗은 "하나님 마음에 맞는 사람"으로 불리긴 했지만, 그 조차도 자신을 격려해 줄 누군가가 필요했습니다. 그런데 우리가 그보다 덜 필요하다고 생각할 이유가 있습니까?

하나님을 신뢰함으로써 힘을 주는 친구들은 삶의 문제를 도외시 하지 않습니다. 요나단이 찾아갔을 때, 다윗은 계속 도망 중이었습니다. 그에게 두려움은 현실이었습니다. 그런데 요나단이 그에게 두려움을 잠재울 무언가를 선사했습니다. 바로 '희망'입니다. 요나단은 더 큰 약속, 즉 다윗을 왕으로 삼으시겠다는 하나님의 약속을 상기시켰습니다. 다윗은 지난날 그가 하나님 안에서 소망했

> **핵심교리 99**
>
> **88. 교회의 덕을 세움**
>
> '교회의 덕을 세운다'는 것은 개별적으로나 집단적으로 성장과 성숙을 기하는 것을 의미합니다. 성경은 성장이나 성숙이 일어날 수 있는 여러 방식에 관해 이야기합니다. 예를 들면, 그리스도인의 상호 교제와 같은 것입니다(고전 12:26; 갈 6:2). 또한 교회는 성경 말씀을 선포하고 가르침으로써(엡 4:11) 성도들이 하나님의 온전하신 뜻을 이해하고 받아들일 수 있도록 돕습니다. 결국 '교회의 덕을 세운다'는 것은 성도들이 하나님 나라의 사명을 감당하며 살 수 있도록 준비시킴으로써 그리스도의 몸을 세우는 것입니다.

던 것을 계속해서 소망할 수 있게 되었습니다. 요나단은 다윗의 문제에 해답 대신 하나님의 약속을 제시했습니다.

Q 당신이 겪고 있는 문제를 친구가 나서서 제힘으로 해결하려고 하면 어떤 일이 벌어질까요?

_____

_____

_____

Q 오직 하나님만이 문제를 해결하실 수 있다는 것을 일깨우는 우정이 중요한 이유는 무엇일까요?

_____

_____

_____

요나단의 이야기는 예수님을 떠올리게 합니다. 요나단은 진정한 우정을 보여주는 훌륭한 예지만, 가장 참된 친구 되시는 예수님의 그림자에 불과하기도 합니다. 요나단이 선보인 참된 우정의 면면을 예수님이 완성하실 것입니다.

요나단처럼 예수님도 우리를 위해 스스로 엄청난 대가를 치르실 것입니다. 또한 우리의 필요를 채우기 위해 오실 텐데, 48km에 달하는 거리를 걷는 대신 하늘과 땅 사이를 건너오실 것입니다. 요나단은 왕궁에 다윗을 들여보내기 위해 자기 왕좌를 포기했습니다. 예수님은 천국에 우리 자리를 마련하기 위해 자기 핏값을 치르셨습니다. 오로지 우리를 위해 우리 죄와 슬픔을 가져가시고, 우리에게 영생을 주기 위해 죽음을 삼키셨습니다.

친구가 되어 주시는 왕

결론

그리스도의 아름답고 진실한 우정은 우리를 자유롭게 하여 하나님의 영광에 이르게 합니다. 많은 사람이 다른 이에게 마음 문 열기를 두려워합니다. 사람들이 떠나갈까 봐 두려운 것입니다. 그러나 예수님의 말씀을 기억해 보십시오. "너희가 나를 택한 것이 아니요 내가 너희를 택하여 세웠나니"(요 15:16)라고 말씀하셨습니다. 우리가 똑똑하고 정의로워서 우리를 친구 삼으신 게 아니라는 것입니다. 자비로우신 주님이 우리를 친구 삼아 주셨습니다. 그것이 전부입니다.

이것을 알아야만 스스로 무장 해제할 수 있습니다. 사람들의 비판에 상처받을까 봐 마음 문을 닫을 필요가 없습니다. 어느 누구보다도 훨씬 더 중요한 분께 이미 속속들이 들켜 버렸기 때문입니다. 그분은 우리를 비난하는 대신 씻음과 거룩함과 의롭다 하심을 선포해 주셨습니다(고전 6:11). 그 덕분에 우리는 자기 약점에 솔직해질 수 있게 되었습니다. 자기 약점에 솔직해지면 다른 사람들과 진정으로 통할 수 있게 됩니다. 강점은 사람들의 관심을 끌 수 있지만, 사람들과 연결되는 것은 약점을 통해서만 가능합니다. 오직 복음만이 자기 약함에 만족할 수 있는 능력을 줍니다.

그리스도 없이는 친구와 우정을 나누어도 늘 어느 단계에 이르면 한계에 부딪혀 더 깊이 들어가지 못하게 될 것입니다. 하지만 우리는 예수님의 우정을 통해 은혜를 배웁니다. 그 결과 주님이 우리를 용납하신 것처럼 우리도 다른 사람들을 용납할 수 있습니다. 나의 유익을 위해서가 아니라 하나님의 풍성한 은혜에 힘입어서 말입니다. 우리는 예수님과의 우정을 통해 우리가 꿈꾸던 진정한 친구가 될 자유를 얻습니다.

그리스도와의 연결

다윗과 요나단 이야기는 참된 우정이 무엇인지 보여 주며, 하나님이 베푸시는 언약의 사랑을 그려 냅니다. 예수님의 헌신과 희생적인 사랑과 강건하게 하시는 은혜를 통해 우리는 '하나님의 친구'가 되었습니다.

**하나님의
계획**
우리의 사명

하나님이 우리 친구가 되어 주신 것처럼, 우리도 서로에게 헌신하고 서로를 위해 희생하며 서로를 강건하게 해 주어야 합니다.

1. 어떻게 하면 우리 소그룹/교회가 사심 없이 헌신하는 우정을 나눌 수 있을까요?

   _____

   _____

   _____

2. 희생과 친절을 베푸시는 그리스도를 본받아 우정에 관해 변화된 자세를 가지려면 어떻게 해야 할까요? 심지어 원수도 사랑할 수 있으려면 말입니다.

   _____

   _____

   _____

3. 어떻게 하면 복음을 전하는 사명에 순종하도록 서로의 믿음을 강건하게 할 수 있을까요?

   _____

   _____

   _____

친구가 되어 주시는 왕

*
금주의 성경 읽기
시 7편; 27편;
31편; 34편;
52편; 56편;
120편;
140~142편

약속을 이루시는 만왕의 왕

 하나님의 은혜로운 약속은 우리를 겸손하게 하고, 마음에 감사를
불러일으킵니다.

영어권에서 가장 골치 아픈 단어 중 하나가 '충분히'(enough)입니다. 많은
사람이 '충분히' 잘 지냈는지, '충분히' 열심히 일했는지, '충분히' 가족을 사랑
했는지 서로 궁금해합니다. 이제는 하나님과의 관계에까지 이 단어를 덧붙여
씀으로써 상황을 복잡하게 만들고 있습니다. 도대체 얼만큼 해야 하나님께 충
분할까요?

Q 믿음의 여정에서 피곤함을 느낀 적이 있습니까? 어떤 때 기진맥진 탈진한 듯 느껴졌
습니까?

_____

_____

다윗이 하나님께 집을 지어 드리려고 한 것은 하나님을 위해 좀 더 많은
일을 하고 싶은 그의 열망 때문이었습니다. 하지만 그는 곧 하나님의 생각은 그

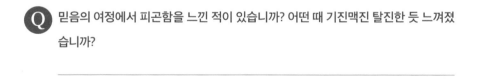
Date   .   .

와 다르다는 것을 알게 되었습니다. 하나님의 계획은 다윗이 무언가를 하는 것이 아니라, 주시는 것을 받아들이는 것이었습니다. 우리는 이를 통해 세상을 향한 하나님의 마음을 엿볼 수 있습니다.

> "역사의 모든 일이 향하여 가고 있는 현실은, 우주의 보좌에 앉아 계신 다윗의 자손입니다."[1]
> _낸시 거스리

　　이 세션에서 우리는 하나님이 아브라함에게 하신 언약을 이제 다윗에게 재확인하고 확장하시는 것을 보게 될 것입니다. 하나님은 다윗에게 그의 원수들을 멸하여 평안히 살게 하며, 그의 후손 중 한 명을 통해 영원한 집을 짓겠다고 약속하셨습니다. 하나님의 변함없으신 약속에 다윗은 감사와 겸손으로 응답했습니다. 이것은 모든 믿는 자가 신실하신 하나님께 마땅히 취해야 할 태도입니다.

1. 하나님은 영원한 안식을 약속하십니다(삼하 7:8~11상)

　　사무엘하 7장에서 우리는 다윗이 이스라엘의 왕으로 자리를 잡고 부하게 사는 모습을 보게 됩니다. 다윗은 궁전 발코니에서 하나님을 모시는 성막을 내려다보다가 헤지고 낡은 것을 발견하고 하나님께 아름다운 새집을 지어 드리기로 결심합니다.

　　그러나 하나님은 언뜻 관대해 보이는 그의 결심을 뒤집는 것으로 응답하셨습니다. 다윗의 계획을 받아들이는 대신 하나님이 자기 계획을 말씀하신 것입니다.

> [8]그러므로 이제 내 종 다윗에게 이와 같이 말하라 만군의 여호와께서 이와 같이 말씀하시기를 내가 너를 목장 곧 양을 따르는 데에서 데려다가 내 백성 이스라엘의 주권자로 삼고 [9]네가 가는 모든 곳에서 내가 너와 함

께 있어 네 모든 원수를 네 앞에서 멸하였은즉 땅에서 위대한 자들의 이름같이 네 이름을 위대하게 만들어 주리라 ¹⁰내가 또 내 백성 이스라엘을 위하여 한 곳을 정하여 그를 심고 그를 거주하게 하고 다시 옮기지 못하게 하며 악한 종류로 전과 같이 그들을 해하지 못하게 하여 ¹¹상전에 내가 사사에게 명령하여 내 백성 이스라엘을 다스리던 때와 같지 아니하게 하고 너를 모든 원수에게서 벗어나 편히 쉬게 하리라 여호와가 또 네게 이르노니 여호와가 너를 위하여 집을 짓고

하나님은 초원에서부터 왕궁에 이르기까지 모든 날 동안 다윗의 발걸음을 인도해 오셨음을 일깨우셨습니다. 성경에서 많이 쓰이는 방식대로 하나님은 그에게 약속을 주시기 전에 먼저 자신의 신실하심을 일깨워 주셨습니다.

여기서 우리는 자신에게 질문해 봐야 합니다. "나도 다윗처럼 스스로 결정하고 제힘으로 살 수 있다고 성급하게 생각하지는 않는가? 하나님이 오늘 이 자리까지 나를 이끌어 주셨다는 사실을 잊지는 않았는가?" 우리는 사는 데 여유가 생기면 어려울 때보다 하나님의 자비에 덜 기대게 됩니다.

 왜 우리는 위태롭고 고통스러운 삶을 살 때보다 부유하고 성공한 삶을 살 때 하나님을 인정하기가 더 어려울까요?

_____

_____

사실 하나님은 다윗에게 이렇게 말씀하신 셈입니다. "내 권능으로 너를 세웠으니 너는 내게 언제나 채무자다. 평생 내게 감사하며 살아야 할 것이다." 하나님이 세우실 집에는 '다윗이 하나님을 위해 지음'이 아닌 '하나님이 다윗을 위해 지으심'이라는 현판이 걸릴 것입니다.

'은혜'란 단순히 말하면 선물입니다. 주는 사람이 값을 치르고, 받는 사람은 값없이 받는 것입니다. 그런데 많은 사람이 이 지점에서 넘어지곤 합니다. 이렇게 묻는 데 익숙하기 때문입니다. "얼마면 충분할까요? 교회에 얼마나 자주 출석하면 되겠습니까? 헌금은 얼마나 내면 되겠습니까?" 이런 질문으로는

복음을 절대로 이해할 수 없습니다. 복음은 하나님의 엄청난 선물에서 비롯되었기 때문입니다. 바로 예수님의 보혈입니다. 보혈만이 죄로 피폐해진 우리 영혼을 구원하기에 충분합니다.

> "시편 기자들은 다윗의 보좌 뒤에 여호와의 보좌가 서 있는 것을 보았습니다. … 이스라엘 왕에 관한 하나님의 목적과 그들을 통해 이루실 목적은 이스라엘을 위한 목적과 같았습니다. 즉 그들은 열방을 향한 그분의 뜻을 이루기 위한 통로가 될 것입니다."[2]
>
> _크리스토퍼 J. H. 라이트

　기독교는 누구든 착하게 살다가 죽어서 하나님께 인정받으라고 가르치지 않습니다. 이 땅에서 완전한 인간으로 살아 내신 후에 우리에게 그 삶을 선물로 주신 예수님에 관해 가르칩니다. 그분은 우리가 마땅히 살아야 할 삶을 사셨고, 우리가 마땅히 치러야 할 죽음을 맞이하셨습니다. 그분의 삶이 곧 우리의 삶입니다. 그러나 이것은 우리가 그 사실을 받아들일 때만 가능합니다. 하나님이 다윗 왕의 결심을 뒤집고, 그에게 언약을 주시는 이야기는 영광스러운 복음의 장을 마련합니다.

　하나님은 다윗의 관점을 바꾸고, 그에게 약속을 주셨습니다. 처음 세 가지는 이스라엘에 평화가 올 것이라는 하나님의 선언입니다. 여러 해 동안 전쟁과 전투를 치러 온 이스라엘에는 반가운 소식이었습니다. 누구에게나 쉴 곳이 필요합니다. 비극적이거나 나쁜 일이 일어나지는 않을까 노심초사할 일이 없는 안전한 곳 말입니다.

　그리스도인은 예수 그리스도 안에서 안식을 누립니다. 예수님은 "나의 사랑 안에 거하라"(요 15:9)고 말씀하셨습니다. 예수님 안에 집을 지으라는 뜻입니다. 그분의 이름과 그분의 임재가 바로 우리가 찾아 헤매던 '안식'입니다. 신실하신 예수님이 쉼'을 주겠다고 약속하셨습니다(마 11:28). 우리가 주님 안에 처소를 마련하면, 주님이 우리를 통해 자기 영광을 세상에 나타내실 것입니다.

 예수 그리스도의 복음은 믿는 자들에게 어떻게 안식을 보장합니까?

Q 그리스도 안에서 안식을 누릴 줄 모르면, 복음 증거에 어떤 영향을 미칩니까?

_____

_____

2. 하나님은 영원한 집을 세울 것을 약속하십니다 (삼하 7:11하~17)

11하여호와가 또 네게 이르노니 여호와가 너를 위하여 집을 짓고 12네 수한이 차서 네 조상들과 함께 누울 때에 내가 네 몸에서 날 네 씨를 네 뒤에 세워 그의 나라를 견고하게 하리라 13그는 내 이름을 위하여 집을 건축할 것이요 나는 그의 나라 왕위를 영원히 견고하게 하리라 14나는 그에게 아버지가 되고 그는 내게 아들이 되리니 그가 만일 죄를 범하면 내가 사람의 매와 인생의 채찍으로 징계하려니와 15내가 네 앞에서 물러나게 한 사울에게서 내 은총을 빼앗은 것처럼 그에게서 빼앗지는 아니하리라 16네 집과 네 나라가 내 앞에서 영원히 보전되고 네 왕위가 영원히 견고하리라 하셨다 하라 17나단이 이 모든 말씀들과 이 모든 계시대로 다윗에게 말하니라

하나님이 다윗에게 영원한 집을 지어 주겠다고 약속하십니다. 이것은 궁극적으로 메시아를 가리키신 약속입니다. 그분이 장차 오셔서 영원히 다스리실 것입니다. 그런데 본문에서 많은 독자에게 의구심을 불러일으킬 만한 구절이 한 군데 있습니다. "그가 만일 죄를 범하면…"(14절). 예수님에 관한 이야기라면서 이게 무슨 뜻일까요? 예수님은 죄를 모르시는 분이 아닙니까?

성경의 예언은 대부분 중의적입니다. 직접적인 의미가 있는가 하면 궁극적인 의미도 있습니다. 물론 두 가지 의미를 분별해서 보는 것은 어려운 일이지만, 그것들은 엄연히 별개의 것입니다. 멀리서 산맥을 바라

> "하나님이 택하여 장구한 왕국을 약속해 주신 왕에게 결점이 있었고, 때로는 신성한 겸손이 필요하기도 했습니다. 하나님은 결점이 없는 왕을 친히 보내셔야 했습니다."[3]
>
> _마이클 윌리엄스

본다고 생각해 보십시오. 처음에는 두 개의 봉우리가 붙어 있는 것처럼 보이지만, 가까이 다가갈수록 그 둘 사이가 수십 킬로미터나 떨어져 있음을 알게 될 것입니다.

이 예언의 즉각적인 성취는 다윗의 아들 '솔로몬'입니다. '안식'이란 뜻의 이름을 가진 솔로몬은 여러 면에서 약속의 성취로 볼 수 있습니다. 그의 통치로 이스라엘 전역에 안식이 찾아오고, 성전도 지어질 것입니다(이 이야기는 세션 9에서 다룰 것입니다). 그러나 그는 몇 가지 아주 어리석은 일을 저지르게 됩니다. 본문에서 하나님이 언급하신 사울에 버금가는 어리석은

> **핵심교리 99**
>
> **16. 신실하신 하나님**
>
> 하나님의 신실하심은 하나님이 스스로 말씀을 지키시며, 언제나 약속을 성취하심을 의미합니다(고전 1:9; 딤후 2:13; 벧전 4:19). 아브라함과 이삭과 야곱에게 하셨던 약속을 성취하신 데서 하나님의 신실하심을 볼 수 있습니다. 사도 바울은 '신실하심'(미쁘심)이라는 속성을 하나님이 자신의 말씀을 성취하시는 것과 연결하면서 "너희를 부르시는 이는 미쁘시니 그가 또한 이루시리라"(살전 5:24)라고 말합니다. 우리가 하나님과 사람들에게 한 약속을 지킬 때, 우리를 통해 하나님의 성품이 드러나게 됩니다.

행동들입니다. 예를 들어 그는 후궁을 700명이나 두고, 우상을 숭배하게 될 것입니다(이 이야기는 세션 10에서 다룰 것입니다). 그럼에도 불구하고 하나님은 약속을 지키시는 분이므로 그에게서 왕국을 완전히 빼앗지는 않으실 것입니다.

그러나 이 예언이 궁극적으로 가리키는 것은 솔로몬 너머에 있는 다른 왕입니다. 바로 '예수님'입니다. 예수님은 영원히 견고할 다윗 왕국의 후손이십니다. 또한 참된 성전을 세우실 후손이십니다. 인간의 손으로 짓는 건물이 아닌 자기 몸으로 세우시는 성전입니다. 승천하신 후에는 그분의 성령을 보내어 주의 백성인 우리로 하여금 하나님의 성전이 되게 하실 것입니다.

솔로몬과 달리 예수님은 사람의 매와 인생의 채찍으로 징계받으실 필요가 없는 분입니다. 그러나 우리의 죄악 때문에 채찍에 맞으시고, 그로 인해 우리가 나음을 받게 될 것입니다(사 53:5). 다윗의 참된 후손 되시는 주님이 하나님의 참된 성전을 세우시고, 하나님이 자기 백성과 더불어 영원토록 거하시게 할 것입니다. 또한 그분은 단지 다윗의 자손만이 아니십니다. 하나님의 아들이신 그분이 이 땅의 하나님 백성을 위해 홀로 구원을 완성하실 것입니다.

이것을 꼭 기억하십시오. 하나님이 친히 자기 집을 지으시되, 스스로 그 약속하신 집이 되실 것입니다. 예수님 안에서, 하나님이 마침내 약속을 성취하실 것입니다.

Q 하나님이 사람인 다윗을 통해 다스리겠다고 약속하신 것이 왜 중요할까요?

_____

_____

Q 교회는 하나님의 성전으로서의 역할을 어떻게 수행합니까?

_____

_____

_____

3. 우리는 하나님의 약속에 감사와 겸손으로 응답해야 합니다
(삼하 7:18~26)

¹⁸다윗 왕이 여호와 앞에 들어가 앉아서 이르되 주 여호와여 나는 누구이오며 내 집은 무엇이기에 나를 여기까지 이르게 하셨나이까 ¹⁹주 여호와여 주께서 이것을 오히려 적게 여기시고 또 종의 집에 있을 먼 장래의 일까지도 말씀하셨나이다 주 여호와여 이것이 사람의 법이니이다 ²⁰주 여호와는 주의 종을 아시오니 다윗이 다시 주께 무슨 말씀을 하오리이까 ²¹주의 말씀으로 말미암아 주의 뜻대로 이 모든 큰 일을 행하사 주의 종에게 알게 하셨나이다 ²²그런즉 주 여호와여 이러므로 주는 위대하시니 이는 우리 귀로 들은 대로는 주와 같은 이가 없고 주 외에는 신이 없음이니이다 ²³땅의 어느 한 나라가 주의 백성 이스라엘과 같으리이까 하나님이 가서 구속하사 자기 백성으로 삼아 주의 명성을 내시며 그들을

위하여 큰 일을, 주의 땅을 위하여 두려운 일을 애굽과 많은 나라들과 그의 신들에게서 구속하신 백성 앞에서 행하셨사오며 ²⁴주께서 주의 백성 이스라엘을 세우사 영원히 주의 백성으로 삼으셨사오니 여호와여 주께서 그들의 하나님이 되셨나이다 ²⁵여호와 하나님이여 이제 주의 종과 종의 집에 대하여 말씀하신 것을 영원히 세우셨사오며 말씀하신 대로 행하사 ²⁶사람이 영원히 주의 이름을 크게 높여 이르기를 만군의 여호와는 이스라엘의 하나님이라 하게 하옵시며 주의 종 다윗의 집이 주 앞에 견고하게 하옵소서

이것이 구원의 열쇠입니다. "하나님께 얼마나 드리면 충분할까요?" 하고 묻는 것은 잘못된 출발입니다. 우리는 구원이란 하나님이 이미 행하신 일을 아는 데서부터 시작된다는 것을 알아야 합니다. 그것을 알면 하나님을 경외할 수밖에 없을 것입니다. 그렇습니다. 그리스도께서 하신 일을 알고 믿으면, 하나님을 위해서 일하고 싶어질 것입니다. 그러나 무슨 일을 하든지 하나님이 우리를 위해 하신 일에 오로지 감사하는 마음으로 해야 합니다.

> "사람들의 마음속에는 올바른 통치자를 따르기만 하면, 온 세상이 모든 상처에서 치유받을 것이라는 손에 잡히지 않는 불분명한 신념이 있습니다. 우주 만물은 머리가 없는 채로 필사적으로 머리를 찾고 있습니다."[4]
>
> _리처드 러블레이스

우리는 세상 사람들이 그리스도인들을 보며 "이 사람들이 대단한 일을 해냈군! 하나님을 정말로 사랑하는 모양이야"라고 말해 주기를 기대합니다. 그러나 본문이 우리에게 가르쳐 주듯이, 세상 사람들이 우리의 증거를 듣거나 보고 이렇게 말할 수 있게 해야 합니다

"와, 하나님이 인간을 위해 이렇게 대단한 일을 하셨단 말이야?"

Q 하나님이 일하고 계시는 것이 모든 사람에게 자명했던 어떤 활동에 참여한 적이 있습니까? 그것은 당신 삶에 어떤 영향을 미쳤습니까?

_____

_____

어떤 면에서 그 특별한 활동이 두드러졌습니까?

_____

_____

_____

하나님이 다윗에게 하신 말씀은 우리에게도 똑같이 적용됩니다. 내 손으로 세운 왕국은 무너질 것입니다. 내 힘으로 하는 일은 실패할 것입니다. 나의 야망 또한 이루지 못할 것입니다. 예수님만이 유일하게 영원하실 것입니다. 우리 삶의 가장 큰 특권은 예수님과 동행할 곳을 보여 달라고 하나님께 간구할 수 있다는 것입니다. 하나님은 우리에게 무엇을 바라지 않으실 것이지만 영원한 가치를 위해 우리를 사용하실 것입니다. 우리의

> "이 집에서 하나님의 백성이 영원히 그들의 하나님과 함께 거하고, 하나님이 자기 백성과 함께 그리고 자기 백성 안에 거하시며 자기 백성을 채우셔서 그들이 하나님으로 충만하여, 하나님이 전투 속에서 백성의 능력이 되신 것처럼 평화 속에서 그들의 상이 되실 것입니다."[5]
> _어거스틴

아주 소소한 삶을 아름답고 소중하며 영원한 것으로 만들어 주실 것입니다. 삶을 하찮은 것으로 여기는 사람이 꽤 많습니다. 하지만 우리는 하나님을 인격적으로 도우시는 분으로, 곤경에서 벗어나게 해 주시는 분으로 여깁니다. 하나님이 우리에게 원하시는 것은 우리가 생각하는 것보다 훨씬 더 크고 풍부하고 심오합니다.

위대한 역사는 겸손에서 시작됩니다. 우리는 기독교 신앙에서도 이러한 사실을 배울 수 있습니다. 만일 스스로 위대해지고자 한다면, 하나님이 허락하지 않으실 것입니다. 그러나 하나님을 높여 드리기를 열망한다면, 하나님이 우리 삶에 영원한 가치와 기적적인 능력을 부어 주실 것입니다. 내 집을 짓느라 허송세월 하지 마십시오. 하나님을 위한 집을 짓느라 시간을 낭비하지도 마십시오. 오히려 하나님의 충만하신 사역 안에서 안식하고, 주님이 부르실 때 응답하십시오

 감사할 줄 모르고 자만심에 가득 찬 태도는 우리의 사명을 어떻게 방해합니까?

_____

_____

Session 5

Q 감사와 겸손이 복음을 전하는 데 필수적인 자질인 이유는 무엇입니까?

_____

_____

_____

결론

우리는 하나님께 어떻게 감사를 표현해야 할까요? 하나님을 공경하고, 가진 것을 아낌없이 드린다는 것은 어떤 것일까요?

첫째, 하나님은 우리에게 어떤 도움을 바라지 않으신다는 점을 기억하십시오. 하나님은 세상을 구원하는 데 필요한 '도우미'를 찾으신 적이 없습니다. 그렇다고 해서 하나님이 우리의 헌신을 요구하지 않으신다는 뜻은 아닙니다. 다만 우리에게서 무언가를 공급받지는 않으신다는 것입니다. 하나님은 돈이든 재능이든 시간이든 부족한 게 없으십니다. 우리에게 "나를 위해 세상을 구하러 가라"고 명령하시지도 않습니다. 오히려 우리를 통해 세상을 구원하시는 주님을 따르라고 부르십니다.

둘째, 하나님의 은혜에 보답하겠다는 마음이 있어야 합니다. '하나님은 우리에게 어떤 도움을 바라지 않으신다'와 '하나님은 우리의 반응을 원하신다'는 진리 사이에서 균형을 잡을 줄 알아야 합니다. 다윗이 책망받은 것은 태도 때문이 아니었습니다. 오히려 하나님은 그를 칭찬하셨습니다. "네가 내 이름을 위하여 성전을 건축할 마음이 있으니 이 마음이 네게 있는 것이 좋도다"(대하 6:8). 다윗은 하나님을 매수하려고 하지 않았습니다. 그는 단지 자신을 향한 하나님의 위대하신 사랑에 보답하는 일을 하고 싶었을 뿐입니다. '하나님이 우리에게 도움을 바라지 않으신다'고 해서 모든 시간과 돈을 자기 마음대로 쓸 수 있다고 생각한다면, 하나님을 제대로 만난 적이 없다는 것을 증명하는 것입니다.

셋째, 하나님께 헌신하며 그분이 명령하신 것을 행해야 합니다. 자신의 능력과 결정에 따라 세상의 무게를 짊어져야 한다면, 곧 무기력해질 것입니다. 그러나 하나님께 우리 자신을 헌신한다면, 주님이 시키시는 일을 감당할 수 있으며, 그 안에서 안식할 수 있습니다. 성령이 우리를 인도하시도록 하면, 모든 일을 해내지 못한다는 죄의식의 압박을 피할 수 있습니다. 그리고 세상일로 갈가리 찢기지 않고 주님이 인도하시는 하나님의 일에 몸을 던질 수 있습니다.

그리스도와의 연결

하나님은 다윗에게 그에게서 장차 이스라엘의 왕들이 나오고, 그의 나라가 영원할 것이라고 약속하셨습니다. 하나님은 예수님을 다윗의 후손으로 보내심으로써 그 약속을 지키셨습니다. 모든 역사는 다윗의 자손 예수님이 영원한 나라의 왕으로서 인정받으실 날을 향해 달려가고 있습니다.

하나님의 계획
우리의 사명

하나님은 우리가 경험한 자비와 은총을 다른 이들에게 전하려면 하나님께 온전히 헌신해야 한다고 말씀하십니다.

1. '그리스도 안에서 영원한 안식을 누리라'라는 메시지는 세상 사람들에게 어떤 울림을 줄까요?

    _____

    _____

    _____

2. 성전 되시는 예수님을 생각할 때 오늘날 교회 건축과 관련해서 우리는 어떤 점을 회개하고 어떤 방향으로 나아가야 할까요?

    _____

    _____

    _____

3. 예수님이 하신 일을 생각할 때, 복음의 지역 사회 전파에 대해 어떤 마음이 생겨납니까?

    _____

    _____

    _____

약속을 이루시는 만왕의 왕

*

금주의 성경 읽기
삼상 25~27장;
시 17편; 73편;
35편; 54편;
63편; 18편

왕에게도 구원자가 필요하다

 신학적 주제) 모든 죄는 궁극적으로 하나님을 거스르는 것입니다.

Session 6

학창 시절, 청소년 집회에서 죄의 위험성에 대해 경고해 주던 한 유명 설교자가 생각납니다. 그는 우리에게 이렇게 말했습니다. "죄는 재미있는 게 아닙니다!" 그의 말을 듣고 속으로 이런 생각을 했습니다. '음, 죄가 재미있지 않다고요? 제대로 안 해 봐서 잘 모르시는군요!'

우리 한번 솔직해져 봅시다. 사실 죄를 저지르는 것은 재미있을 수도 있습니다. 우리가 왜 죄를 향해 달려가겠습니까? 고통을 맛보기 위해서가 아니라, 무언가 짜릿한 느낌이 들기 때문입니다. 죄는 전율과 함께 시작됩니다. 하지만 굉장한 전율로 시작된 죄라도 그 끝은 항상 같습니다. 망가져서 고통에 휩싸이며 실망하고 절망하는 것입니다.

Q 누군가에게 성질을 부리며 막말을 퍼부었던 때를 떠올려 보십시오. 그때 죄가 어떻게 유혹했기에 그러한 행동을 하게 되었나요?

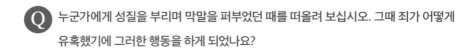

Date .   .

이 세션에서 우리는 다윗 왕이 죄에 빠져서 추악한 결과를 맞게 되는 과정을 보게 될 것입니다. 다윗의 이야기를 통해 죄에는 우리를 노예로 만들어 죄를 은폐하도록 조종하는 능력이 있음을 알게 될 것입니다. 또한 우리는 고백을 통해 새로워질 가능성도 보게 될 것입니다. 그리스도인은 모든 죄가 하나님을 거스르는 일임을 알고, 하나님의 아들이 우리의 회복을 위해 희생함으로써 주신 구원에 의지해야 합니다

1. 죄에 사로잡힌 왕(삼하 11:1~5)

¹그 해가 돌아와 왕들이 출전할 때가 되매 다윗이 요압과 그에게 있는 그의 부하들과 온 이스라엘 군대를 보내니 그들이 암몬 자손을 멸하고 랍바를 에워쌌고 다윗은 예루살렘에 그대로 있더라 ²저녁 때에 다윗이 그의 침상에서 일어나 왕궁 옥상에서 거닐다가 그곳에서 보니 한 여인이 목욕을 하는데 심히 아름다워 보이는지라 ³다윗이 사람을 보내 그 여인을 알아보게 하였더니 그가 아뢰되 그는 엘리암의 딸이요 헷 사람 우리아의 아내 밧세바가 아니니이까 하니 ⁴다윗이 전령을 보내어 그 여자를 자기에게로 데려오게 하고 그 여자가 그 부정함을 깨끗하게 하였으므로 더불어 동침하매 그 여자가 자기 집으로 돌아가니라 ⁵그 여인이 임신하매 사람을 보내 다윗에게 말하여 이르되 내가 임신하였나이다 하니라

다윗 왕이 어떻게 해서 죄의 유혹에 사로잡히게 되었는가를 살펴보려면, 세 가지 사실에 주목해야 합니다.

첫째, 하나님께 복을 받은 후에 죄의 유혹이 찾아왔다는 것입니다. 이때는 이스라엘 왕국이 확고히 자리 잡은 때였습니다. 다윗 왕의 인기는 절정에 올라 있었습니다. 본문 앞의 내용에서 다윗은 여러 전투에서 이긴 승리자로 묘

73

사되었습니다.

　　다윗이 큰 복을 받은 후에 죄를 저질렀다는 사실이 놀랍지 않습니까? 우리는 대개 역경 때문에 죄를 저지른다고 생각합니다. 마치 죄가 현실로부터의 도피라도 되는 듯이 말입니다. 하지만 때로는 복도 위험할 수 있습니다. 우리가 하나님을 얼마나 의지하며 살아가는지 잊게 되기 때문입니다.

Q 하나님이 주신 복 가운데 자칫하면 하나님을 의지하는 법을 잊게 할 만한 것이 있습니까?

_____

　　둘째, 다윗이 유혹에 빠졌을 때 그가 자기 일에서 한발 물러나 있었다는 것입니다. 왕은 요압과 군대를 출정시켰지만, 자신은 뒤에 남았습니다. 한때 전사였던 왕이 휴양객이 된 것입니다. 일에 공백이 생기자, 그는 싸구려 전율에 민감해졌습니다.

　　셋째, 다윗이 유혹받을 만한 자리에 있었다는 것입니다. 죄에 맞서는 것보다 유혹을 피하는 편이 훨씬 더 쉽습니다. 그러나 이 말을 오해하지는 마십시오. 죄에 맞서는 것은 대단히 중요합니다. 우리는 유혹을 피하고 죄에 맞서는 습관을 길러야 합니다. 세상은 이미 우리 앞에 수많은 유혹을 던지고 있습니다.

Q 사람들은 보통 언제 어디서 유혹을 받기 쉬울까요?

_____

　　다윗의 어두운 역사가 계속됩니다. 그의 타락이 즉각적으로 이루어진 것은 아닙니다. 이것은 그에게 죄에서 돌이킬 기회가 있었음을 말해 줍니다. 누군가 다윗에게 물었습니다. "저 여인은 엘리암의 딸이요, 우리아의 아내가 아닙니까?" 왜 이렇게까지 세세하게 말했을까요? 이를 통해 성경저자가 지적하는 것은 다윗이 눈치를 채지 못했을지라도 밧세바는 누군가의 아내이자 누군가의 딸이었다는 사실입니다.

　　죄는 사람에게 상처를 입힙니다. 누군가의 부모, 누군가의 아들딸에게 영향을 끼치게 마련인데, 그 누군가가 당신이 될 수도 있습니다. 우리가 기억해야 할 것은 하나님의 법은 절대 독단적이지 않다는 것입니다. 그것은 서로 주고받아야 할 가장 생명력 있는 방식을 보여 주려고 우리를 위해 주어진 것입니다. 하나님이 우리로 하여금 죄짓지 않게 하시는 것은 우리의 즐거움을 망치기 위해서가 아니라, 그것이 우리를 얼마나 깊이 상처 입히는지를 아시기 때문입니다. 죄는 산산조각을 내고, 상처를 입힙니다. 언제나, 예외 없이 말입니다.

2. 죄를 숨기려는 왕(삼하 11:6~17, 26~27)

⁶다윗이 요압에게 기별하여 헷 사람 우리아를 내게 보내라 하매 요압이 우리아를 다윗에게로 보내니 ⁷우리아가 다윗에게 이르매 다윗이 요압의 안부와 군사의 안부와 싸움이 어떠했는지를 묻고 ⁸그가 또 우리아에게 이르되 네 집으로 내려가서 발을 씻으라 하니 우리아가 왕궁에서 나가매 왕의 음식물이 뒤따라 가니라 ⁹그러나 우리아는 집으로 내려가지 아니하고 왕궁 문에서 그의 주의 모든 부하들과 더불어 잔지라 ¹⁰어떤 사람이 다윗에게 아뢰되 우리아가 그의 집으로 내려가지 아니하였나이다 다윗이 우리아에게 이르되 네가 길 갔다가 돌아온 것이 아니냐 어찌하여 네 집으로 내려가지 아니하였느냐 하니 ¹¹우리아가 다윗에게 아뢰되 언약궤와 이스라엘과 유다가 야영 중에 있고 내 주 요압과 내 왕의 부하들이 바깥 들에 진 치고 있거늘 내가 어찌 내 집으로 가서 먹고 마시고 내 처와 같이 자리이까 내가 이 일을 행하지 아니하기로 왕의 살아 계심과 왕의 혼의 살아 계심을 두고 맹세하나이다 하니라 ¹²다윗이 우리아에게 이르되 오늘도 여기 있으라 내일은 내가 너를 보내리라 우리아가 그날에 예루살렘에 머무니라 이튿날 ¹³다윗이 그를 불러서 그로 그 앞에서 먹고 마시고 취하게 하니 저녁 때에 그가 나가서 그의 주의 부하들과 더불어 침상에 눕고 그의 집으로 내려가지 아니하니라 ¹⁴아침이 되매 다윗이 편지를 써서 우리아의 손에 들려 요압에게 보내니 ¹⁵그 편지에 써서 이르기를 너희가 우리아를 맹렬한 싸움에 앞세워 두고 너희는 뒤로 물러가서

그로 맞아 죽게 하라 하였더라 ¹⁶요압이 그 성을 살펴 용사들이 있는 것을 아는 그곳에 우리아를 두니 ¹⁷그 성 사람들이 나와서 요압과 더불어 싸울 때에 다윗의 부하 중 몇 사람이 엎드러지고 헷 사람 우리아도 죽으니라 … ²⁶우리아의 아내는 그 남편 우리아가 죽었음을 듣고 그의 남편을 위하여 소리내어 우니라 ²⁷그 장례를 마치매 다윗이 사람을 보내 그를 왕궁으로 데려오니 그가 그의 아내가 되어 그에게 아들을 낳으니라 다윗이 행한 그 일이 여호와 보시기에 악하였더라

이야기가 계속됨에 따라, 우리는 다윗의 사악한 면을 보게 됩니다. 그는 자기 죄를 숨기기 위해 계획을 세우고, 실행에 옮겼습니다.

제1안과 제2안은 우리아가 다윗의 아기를 자기 아기로 여기도록 속이는 것이었는데, 모두 실패하고 말았습니다. 그래서 다윗은 제3안에 돌입합니다. 요압에게 편지를 보내 우리아를 최전선에 세운 뒤 버리고 오라고 지시한 것입니다. 심지어 우리아가 자신에게 내려진 사형선고를 그의 손으로 직접 요압에게 전달하게 했습니다. 마침내 다윗의 작전이 성공했습니다. 우리아는 전투에서 자연스럽게 죽은 것처럼 보였습니다.

그런데 본문의 마지막 절이 섬뜩하게 끝납니다. "다윗이 행한 그 일이 여호와 보시기에 악하였더라"(삼하 11:27). 내막을 아는 사람은 아무도 없었습니다. 다윗은 아무도 모를 거라고 확신했을 것입니다. 그러나 하나님이 지켜보고 계셨습니다. 언제나 그렇듯이 말입니다

 Q 자신의 잘못을 숨겨야 했던 때가 있었습니까? 어떻게 해서 그 일이 드러나게 되었습니까?

이 시점부터 다윗의 삶이 무너지기 시작했습니다. 가족이 흩어지고, 밧세바가 낳은 아들이 죽고, 장성한 자녀들이 그에게 반역을 꾀했습니다. 죄가 지닌 엄청난 파괴력과 함께 이 사건이 우리에게 보여 주는 것은 무엇입니까?

죄는 언제나 용서받을 수 있습니다. 곧 보게 되겠지만, 다윗은 하나님께

나아가 그가 저지른 죄를 회개했습니다. 하지만 거침없이 죄에 빠져드느라 입은 상처는 돌이킬 수가 없습니다. 죄는 전염병과도 같습니다. 본질상 파괴적이기 때문입니다. 즐거움을 약속하는 죄의 속삭임은 거짓이며, 그 길의 끝은 재앙입니다.

Q 당신이 지은 죄로 인해 당신이 겪어야 했던 일은 무엇입니까?

_____

Q 당신이 지은 죄로 인해 다른 사람이 겪어야 했던 일은 무엇입니까?

_____

3. 죄를 자백하는 왕(시 51:1~13)

하나님은 다윗이 은폐한 것을 들추기로 하셨습니다. 다윗에게는 잘된 일이었습니다. 선지자 나단을 보내 그는 잘 처리했다고 믿고 있겠지만 하나님은 거기서 끝내지 않으실 것이라고 경고하셨습니다. 깊이 겸손해지는 과정을 통해 결국 다윗은 정결해졌습니다. 성경에서 가장 아름답고 교훈적인 시로 손꼽히는 시편 51편이 바로 그 결과입니다. 여기서 다윗은 복음에 기초한 회개와 고백을 할 수 있는 단초를 제공합니다.

> [1]하나님이여 주의 인자를 따라 내게 은혜를 베푸시며 주의 많은 긍휼을 따라 내 죄악을 지워 주소서 [2]나의 죄악을 말갛게 씻으시며 나의 죄를 깨끗이 제하소서 [3]무릇 나는 내 죄과를 아오니 내 죄가 항상 내 앞에 있나이다 [4]내가 주께만 범죄하여 주의 목전에 악을 행하였사오니 주께서 말씀하실 때에 의로우시다 하고 주께서 심판하실 때에 순전하시다 하리이다 [5]내가 죄악 중에서 출생하였음이여 어머니가 죄 중에서 나를 잉태하였나이다 [6]보소서 주께서는 중심이 진실함을 원하시오니 내게 지혜를 은밀히 가르치시리이다 [7]우슬초로 나를 정결하게 하소서 내가 정하리이

다 나의 죄를 씻어 주소서 내가 눈보다 희리이다 [8]내게 즐겁고 기쁜 소리를 들려 주시사 주께서 꺾으신 뼈들도 즐거워하게 하소서 [9]주의 얼굴을 내 죄에서 돌이키시고 내 모든 죄악을 지워 주소서 [10]하나님이여 내 속에 정한 마음을 창조하시고 내 안에 정직한 영을 새롭게 하소서 [11]나를 주 앞에서 쫓아내지 마시며 주의 성령을 내게서 거두지 마소서 [12]주의 구원의 즐거움을 내게 회복시켜 주시고 자원하는 심령을 주사 나를 붙드소서 [13]그리하면 내가 범죄자에게 주의 도를 가르치리니 죄인들이 주께 돌아오리이다

 시편 51편에서 발견할 수 있는 고백의 필수 요소는 무엇입니까?

첫째, 복음에 기초한 회개가 의지하는 것은 하나님의 자비뿐입니다.

다윗은 하나님의 은혜에 집중하며 "주의 인자를 따라" 그리고 "주의 많은 긍휼을 따라" 기도했습니다. 사실 이것은 상당히 위험한 방식입니다. 하나님이 자비를 베풀지 않기로 하시면 어떻게 합니까? 먼저 하나님을 설득해야 하지 않겠습니까? 많은 사람이 바로 이 설득하는 방식으로 하나님께 접근합니다. 하지만 그것은 회개가 아닙니다. 회개는 책임 전가, 협상, 합리화가 끝나는 지점에서 시작됩니다.

둘째, 복음에 기초한 회개는 우리에게 죄성이 있다는 진리를 내포합니다.

죄에 걸려들면 우리는 자연스럽게 이렇게 변명하곤 합니다. "내가 그렇게 나쁜 사람은 아니야. 순간적으로 나약해져서 그랬던 거야." 그런데 다윗은 정반대로 말했습니다. "나

> **핵심교리 99**
>
> **37. 죄 - 반역**
>
> 성경은 사람을 책임적 존재, 즉 하나님의 계시에 믿음과 순종으로 반응하도록 부름받은 존재로 봅니다. 그렇기 때문에 성경은 종종 죄를 왕이신 하나님에 대한 거역과 반역이라는 용어로 묘사합니다. 대표적인 예인 이사야 1장 2절은 이렇게 말합니다. "내가 자식을 양육하였거늘 그들이 나를 거역하였도다." 이 관점에서 보자면 죄는 인격적이며 의지적인 불순종이고, 우리를 만드신 분을 향해 반기를 드는 것이라고 말할 수 있습니다.

는 내 죄과를 압니다. 단순한 실수가 아닙니다. 내 죄가 항상 내 앞에 있습니다." 그는 여기서 더 깊이 들어갔습니다. "내가 죄악 중에서 출생하였음이여 어머니가 죄 중에서 나를 잉태하였나이다"(5절). 다른 말로 하면 이런 뜻입니다. "나는 아주 나쁜 사람입니다. 그러나 이 정도는 내 죄의 절반밖에 안 됩니다. 난 아예 죄를 타고났습니다." 우리는 모두 권위에 맞서는 반항아로 태어나는데, 특히 하나님의 권위에 맞서곤 합니다.

Q 우리는 어떻게 회개를 약화시킵니까?

Q 진실한 회개는 '물 탄' 회개와 어떻게 다릅니까?

셋째, 복음에 기초한 회개는 가장 먼저 하나님께 향합니다.

다윗은 "내가 주께만 범죄하여"라고 고백했습니다(4절). 정말 그렇습니까? 밧세바나 심지어 우리아에게도 죄를 짓지 않았다는 것입니까? 언뜻 보기에는 말이 안 되는 듯한데, 사실 이것이 다윗이 드린 기도의 핵심입니다.

모든 죄는 하나님과의 관계가 무너지는 데서부터 시작됩니다. 하나님이 주신 것에 불만을 느끼기 시작해서 우리를 향한 하나님의 인자하심을 의심하게 됩니다. 그래서 하나님이 그으신 선을 생명선으로 보기보다 제한선으로 받아들이기 시작합니다. 그런 점에서 우리 삶의 죄를 다루는 방식은 단순히 죄를 억압하는 것이어서는 안 됩니다. 하나님을 더 기뻐하면, 죄를 사랑하기보다 하나님을 더 사랑하게 되는 것입니다.

하나님이 얼마나 크고 위대하신지 아직 깨닫지 못한 사람이 많습니다. 그러나 생각해 보십시오. 십자가 보혈로 우리 죗값을 치러 주셨습니다. 예수님은 우리가 서로에게 한 일 때문에 죽으신 것이 아니라, 우리가 하나님께 한 일 때문에 죽으셨습니다. 나와 당신을 대적 앞에서 취하시고, 우리를 친구라 부르며 가까이 다가오셨습니다. 이로 보건대 우리가 생각해 오던 개념과는 달리 하나님께 거스르는 죄는 단지 위대하신 왕께 대한 반역만이 아니라 절친한 친구의 신뢰를 저버리

는 일이 되는 것입니다. 이제 죄가 우리를 화
나게 하는 것은 죄의 결과 때문이 아니라 하
나님께 저지른 죄 때문이어야 합니다. 그렇지
않으면, 우리의 회개는 위장에 지나지 않을
것입니다.

> "승리하는 그리스도인의 삶이
> 란 무죄한 삶이 아니라 회개하
> 는 삶입니다."[1]
> _트레빈 왁스

 Q 하나님을 거스르는 반역의 심각성을 간과하면 어떤 일이 벌어집니까?

결론

다윗은 하나님께 부르짖으며 자신을 정결하게 씻어 주십사 간구했습니
다. 그러면서도 그는 자신의 죄가 얼마나 깊은지 알았습니다. 진실로 죄를 씻고
깨끗해지기 위해서는 그가 저지른 죄보다 훨씬 더 많은 값을 치러야 할 것입니
다. 그의 죄에 대한 형벌은 죽음이었습니다. 이것은 우리에게도 마찬가지입니다.

그러나 복음은 하나님이 그리스도로 하여금 우리 죄의 형벌을 십자가에
서 홀로 치르게 하셨다고 말합니다. 십자가는 하나님이 우리에게 주시는 약속
입니다. 하나님이 깨끗하게 하실 수 없는 극악무도한 죄나 사악한 마음은 없다
는 것입니다. 그리고 부활 또한 하나님의 약속입니다. 하나님이 새롭게 하고 회
복시키실 수 없는 죽음이란 없습니다.

그리스도와의 연결

이스라엘의 가장 위대한 왕이요, 하나님 마음에 맞는 사람이었던 다윗조
차 구원이 필요한 죄인에 불과했습니다. 다윗의 이야기를 통해 우리는 모두
완전하신 왕의 희생을 통해 주어진 죄 사함이 필요하다는 사실을 깨닫습
니다. 그분은 처벌받아 마땅한 우리의 죄를 홀로 감당하셨습니다.

하나님의
계획
우리의 사명

하나님은 우리에게 죄를 숨기지 말고 회개하며 살라고 부르십니다. 이로써 다른 이들이 예수 그리스도를 통한 죄 사함의 소망이 있음을 알게 될 것입니다.

1.   당신은 어떤 방법으로 유혹의 자리를 피합니까?

_____

_____

_____

2.   회개의 삶은 복음을 어떻게 알리며, 그리스도에 관한 대화의 문을 어떻게 열게 합니까?

_____

_____

3.   '모든 죄는 궁극적으로 하나님을 거스르는 것'이라는 진리는 사람들을 회개로 이끌고 예수님을 믿게 하는 우리의 사명에 어떤 영향을 미칩니까?

_____

_____

왕에게도 구원자가 필요하다

*
금주의 성경 읽기
삼상 28~31장;
대상 10장;
시 121편;
123~125편;
128~130편

가장 지혜로우신
하나님

열왕기상, 욥기,
시편, 잠언,
전도서

Unit 2

암송 구절

너희는 하나님으로부터 나서 그리스도 예수 안에 있고 예수는 하나님으로부터 나와서 우리에게 지혜와 의로움과 거룩함과 구원함이 되셨으니
고린도전서 1장 30절

하나님께 지혜를 구하는 왕

신학적
주제

주의 백성을 열방의 빛으로 삼으시겠다는 하나님의 약속이 솔로몬 왕 시대에 이루어지기 시작했습니다. 솔로몬은 하나님께 지혜를 얻은 왕이었습니다.

Session
7

　　무엇이 위대한 리더를 만들까요? 높은 지능, 일류 교육, 카리스마 있는 성격, 비전을 제시하는 능력, 업적 등 많은 것을 열거할 수 있을 것입니다. 이러한 자질들은 훌륭한 리더를 만들 수는 있지만, 위대한 리더십을 보장하지는 못합니다.

　　다니엘 골먼은 자신의 저서 《감성 지능》(Emotional Intelligence)에서 높은 지능 지수나 탁월한 성적이 위대한 리더를 만드는 것은 아니라고 주장했습니다. 그의 주장에 따르면, 감성 지능이 높은 사람이 훌륭한 리더가 된다고 합니다. 감성 지능이란 '자기감정 인식', '자기감정 조절', '자기동기 부여', '공감능력', '대인관계 기술' 등 다섯 가지 능력의 총합입니다.[1]

　　골먼이 분석의 근거 표시를 종종 놓치긴 했지만, 감성 지능의 다섯 가지 능력을 열거하고 있는데, 그것은 성경에서 지혜라고 불리는 것들입니다. 지혜는 옳고 그름을 분별하는 능력입니다. 달리 말하면 사람들이 어찌할 바를 몰라 할 때, 무엇을 해야 하는지 아는 것입니다. 지혜로운 리더가 좋은 리더입니

Date ．　　．

다. 좋은 리더는 자기 관리를 할 줄 알고, 사람들과 잘 어울리며, 선악을 분별할 줄 알아야 합니다. 한마디로 거친 바다에서도 항해할 줄 알아야 합니다.

Q 역사상 위대한 리더들에 관해 이야기를 나눠 보십시오. 무엇이 그들을 훌륭한 리더로 만들었을까요?

_____

_____

_____

　　그리스도인은 지혜가 세상의 관점보다 우월하다고 믿습니다. 전능하신 하나님에게서 지혜가 나온다고 믿기 때문입니다. 하나님은 관계 맺음의 일부로 지혜를 주기 원하십니다. 하나님은 우리가 믿음으로 주님을 따를 때, 주님을 기쁘시게 하는 삶을 사는 데 필요한 지혜를 아낌없이 주십니다.

> "지혜를 지적인 재능이나 철학적인 통찰력과 동일시해서는 안 됩니다. 지혜는 삶으로 드러나기 때문입니다. 인간이 하늘에 올라갈 수 있다면 모를까 스스로는 지혜를 얻을 능력이 없습니다. 그러므로 지혜로운 사람은 하나님이 계시하시는 말씀을 신뢰합니다."[2]
>
> _토머스 슈라이너

　　이 세션에서 우리는 지혜를 구하는 솔로몬의 기도와 그에 대한 응답으로 주시는 하나님의 놀라운 복을 살펴볼 것입니다. 그가 하나님의 지혜를 어떻게 구했으며, 받은 지혜로 어떻게 나라를 다스렸고, 그 지혜가 어떤 복을 가져왔는지 볼 것입니다. 나아가 오늘날에도 하나님의 백성에게는 지혜와 통찰력이 절실히 필요하다는 사실을 알게 될 텐데, 이것들은 하나님과 동행해야만 얻을 수 있습니다.

하나님께 지혜를 구하는 왕

1. 솔로몬이 지혜를 구했습니다(왕상 3:5~15)

구약성경에서 가장 주목할 만한 이야기 가운데 하나가 시작됩니다. 하나님이 솔로몬의 꿈에 나타나 말씀하셨습니다. "내가 네게 무엇을 줄꼬 너는 구하라"(5절). 하나님이 나타나셔서 이렇게 물어봐 주신다면 얼마나 좋을까요!

Q 하나님이 필요한 것을 무엇이든 말해 보라고 말씀하신다면, 당신은 무엇을 가장 먼저 구하겠습니까?

솔로몬은 무엇이든지 구할 수 있었지만, 지혜를 청하기로 했습니다. 본문에 나타난 솔로몬의 기도의 두 가지 측면, 즉 '자세'와 '목적'에 관해 자세히 살펴보겠습니다.

5기브온에서 밤에 여호와께서 솔로몬의 꿈에 나타나시니라 하나님이 이르시되 내가 네게 무엇을 줄꼬 너는 구하라 6솔로몬이 이르되 주의 종 내 아버지 다윗이 성실과 공의와 정직한 마음으로 주와 함께 주 앞에서 행하므로 주께서 그에게 큰 은혜를 베푸셨고 주께서 또 그를 위하여 이 큰 은혜를 항상 주사 오늘과 같이 그의 자리에 앉을 아들을 그에게 주셨나이다 7나의 하나님 여호와여 주께서 종으로 종의 아버지 다윗을 대신하여 왕이 되게 하셨사오나 종은 작은 아이라 출입할 줄을 알지 못하고 8주께서 택하신 백성 가운데 있나이다 그들은 큰 백성이라 수효가 많아서 셀 수도 없고 기록할 수도 없사오니 9누가 주의 이 많은 백성을 재판할 수 있사오리이까 듣는 마음을 종에게 주사 주의 백성을 재판하여 선악을 분별하게 하옵소서 10솔로몬이 이것을 구하매 그 말씀이 주의 마음에 든지라 11이에 하나님이 그에게 이르시되 네가 이것을 구하도다 자기를 위하여 장수하기를 구하지 아니하며 부도 구하지 아니하며 자기 원수의 생명을 멸하기도 구하지 아니하고 오직 송사를 듣고 분별하는 지혜를 구하였으니 12내가 네 말대로 하여 네게 지혜롭고 총명한 마음을 주노니 네 앞

에도 너와 같은 자가 없었거니와 네 뒤에도 너와 같은 자가 일어남이 없으리라 ¹³내가 또 네가 구하지 아니한 부귀와 영광도 네게 주노니 네 평생에 왕들 중에 너와 같은 자가 없을 것이라 ¹⁴네가 만일 네 아버지 다윗이 행함같이 내 길로 행하며 내 법도와 명령을 지키면 내가 또 네 날을 길게 하리라 ¹⁵솔로몬이 깨어 보니 꿈이더라 이에 예루살렘에 이르러 여호와의 언약궤 앞에 서서 번제와 감사의 제물을 드리고 모든 신하들을 위하여 잔치하였더라

첫째, 기도에 임하는 솔로몬의 자세를 살펴봅시다.

기도할 때, 그가 자신을 어떻게 바라봤는지 주목하십시오. 솔로몬은 큰 백성의 왕이 될 자격이 없음을 스스로 인정했습니다. 게다가 하나님의 약속 덕분에 그 자리에 있음을 인식하고 있었습니다(7절). 하나님이 그를 세우셨고, 그것은 하나님의 은혜였습니다. 자기 분수를 알고, 자신의 연약함을 아는 솔로몬은 자신에게 꼭 필요한 것이 무엇인지도 알았습니다. 그것은 바로 '하나님의 지혜'였습니다.

자신의 진면모를 알면, 하나님의 지혜를 구하지 않을 수 없을 것입니다. 자기 삶에 베푸신 하나님의 은혜를 깨닫고 직면한 과제를 제힘으로 감당할 수 없음을 인정한다면, 자신을 겸손히 낮추고 하나님의 지혜에 닿고자 노력할 것입니다. 그러나 자신을 과대평가한다면, 자기 지혜와 자기 힘으로 살아가는 위험에 처하게 될 것입니다.

> "우리는 하나님이 우리보다 더 강하시다는 것을 기꺼이 인정하는 데는 익숙하지만, 하나님이 우리보다 지혜로우시다는 데는 그렇지 못합니다. 틀림없이 그분이 더 지혜롭다고 말하겠지만, 막판에 가서는 그 말대로 행동하지 않습니다."³
> _마르틴 루터

Q 삶의 어떤 영역에서 자신의 힘으로 살아가고 있다고 느낍니까?

Q 삶의 어떤 영역에서 하나님의 지혜를 구하는 대신 자기 생각에 의지해 살아가기 쉽습니까?

둘째, 솔로몬이 기도한 목적이 무엇인지 살펴봅시다.

그는 하나님의 백성을 잘 인도하기 위해 하나님의 지혜를 구했습니다. 자신을 위한 요청이기는 했지만, 정의와 공평으로 이스라엘 백성을 지혜롭게 인도하기 위한 것이었습니다. 다시 말해서 지혜를 청한 동기가 이타심에 있었던 것입니다. 주님은 이것을 기쁘게 여기셨습니다.

하나님은 우리에게 지혜를 주시어 주변 사람들과 관계를 제대로 맺을 수 있게 하십니다. 경건한 친구, 남편, 아내, 부모, 상사가 되려면 지혜가 필요한 법입니다.

 지금 당신의 삶에서 하나님의 지혜가 필요한 인간관계는 무엇입니까? 그 이유는 무엇인가요?

_____

_____

2. 솔로몬이 지혜롭게 통치했습니다(왕상 3:16~28)

¹⁶그때에 창기 두 여자가 왕에게 와서 그 앞에 서며 ¹⁷한 여자는 말하되 내 주여 나와 이 여자가 한집에서 사는데 내가 그와 함께 집에 있으며 해산하였더니 ¹⁸내가 해산한 지 사흘 만에 이 여자도 해산하고 우리가 함께 있었고 우리 둘 외에는 집에 다른 사람이 없었나이다 ¹⁹그런데 밤에 저 여자가 그의 아들 위에 누우므로 그의 아들이 죽으니 ²⁰그가 밤중에 일어나서 이 여종 내가 잠든 사이에 내 아들을 내 곁에서 가져다가 자기의 품에 누이고 자기의 죽은 아들을 내 품에 뉘었나이다 ²¹아침에 내가 내 아들을 젖 먹이려고 일어나 본즉 죽었기로 내가 아침에 자세히 보니 내가 낳은 아들이 아니더이다 하매 ²²다른 여자는 이르되 아니라 산 것은 내 아들이요 죽은 것은 네 아들이라 하고 이 여자는 이르되 아니라 죽은 것이 네 아들이요 산 것이 내 아들이라 하며 왕 앞에서 그와 같이 쟁론하는지라 ²³왕이 이르되 이 여자는 말하기를 산 것은 내 아들이

요 죽은 것은 네 아들이라 하고 저 여자는 말하기를 아니라 죽은 것이 네 아들이요 산 것이 내 아들이라 하는도다 하고 24또 이르되 칼을 내게로 가져오라 하니 칼을 왕 앞으로 가져온지라 25왕이 이르되 산 아이를 둘로 나누어 반은 이 여자에게 주고 반은 저 여자에게 주라 26그 산 아들의 어머니 되는 여자가 그 아들을 위하여 마음이 불붙는 것 같아서 왕께 아뢰어 청하건대 내 주여 산 아이를 그에게 주시고 아무쪼록 죽이지 마옵소서 하되 다른 여자는 말하기를 내 것도 되게 말고 네 것도 되게 말고 나누게 하라 하는지라 27왕이 대답하여 이르되 산 아이를 저 여자에게 주고 결코 죽이지 말라 저가 그의 어머니이니라 하매 28온 이스라엘이 왕이 심리하여 판결함을 듣고 왕을 두려워하였으니 이는 하나님의 지혜가 그의 속에 있어 판결함을 봄이더라

하나님이 솔로몬의 기도에 응답해 주셨습니다. 이스라엘 백성은 그들의 왕이 하나님이 주신 지혜와 분별력으로 통치한다는 것을 알았습니다. 이것이 하나님이 솔로몬에게 지혜를 주겠다고 약속하실 뿐 아니라 그 약속을 이루시는 데도 헌신하셨다는 증거입니다. 우리가 섬기는 하나님은 바로 이런 분입니다. 약속한 것을 행하시는 분입니다.

Q 누군가에게 조언하거나 어떤 결정을 내릴 때, 주님이 지혜를 주시는 것을 느낀 적이 있습니까? 어떤 상황이었는지 설명해 주십시오.

_____

_____

솔로몬과 같은 상황에 놓일 일은 거의 없겠지만(그러지 않기를 바랍니다!), 어떻게 해결해야 할지 모르는 문제들에 부딪히는 일은 분명히 있을 것입니다. 예를 들면, 인생을 바꿀 만한 사업 기회가 찾아왔는데 가족과 함께 아주 먼 곳으로 이사를 해야 한다면, 어떻게 하겠습니까? 혹은 어느 날 자녀가 같은 반 친구는 왜 엄마가 둘인지 묻는다면, 어떻게 답해 주겠습니까?

지혜가 필요한 상황은 무수히 많습니다. 다행히도 우리 하나님은 전지전

능하십니다. 모든 지혜와 지식을 홀로 가지고 계십니다. 주님이 우리 기도에 응답해 주실 것을 기대하십시오.

Q 하나님께 지혜를 구하면 기꺼이 주시리라는 기대를 가로막는 것은 무엇입니까?

_____

_____

_____

3. 지혜는 선한 열매를 맺습니다(왕상 4:29~34)

> [29] 하나님이 솔로몬에게 지혜와 총명을 심히 많이 주시고 또 넓은 마음을 주시되 바닷가의 모래같이 하시니 [30] 솔로몬의 지혜가 동쪽 모든 사람의 지혜와 애굽의 모든 지혜보다 뛰어난지라 [31] 그는 모든 사람보다 지혜로워서 예스라 사람 에단과 마홀의 아들 헤만과 갈골과 다르다보다 나으므로 그의 이름이 사방 모든 나라에 들렸더라 [32] 그가 잠언 삼천 가지를 말하였고 그의 노래는 천다섯 편이며 [33] 그가 또 초목에 대하여 말하되 레바논의 백향목으로부터 담에 나는 우슬초까지 하고 그가 또 짐승과 새와 기어다니는 것과 물고기에 대하여 말한지라 [34] 사람들이 솔로몬의 지혜를 들으러 왔으니 이는 그의 지혜의 소문을 들은 천하 모든 왕들이 보낸 자들이더라

우리에게는 무엇보다도 지혜가 필요합니다. 임금 인상보다 더 필요합니다. 이 사실을 죽을힘을 다해 믿어야 합니다. 우리에게 가장 필요한 것은 돈이나 권력이나 인정이라고 생각하기 쉽습니다. 그러나 솔로몬의 삶은 어려운 때에 가장 큰 힘이 되는 것은 결국 하나님의 지혜임을 증거합니다.

선교 사역은 지혜가 특별히 더 필요한 영역입니다. 하나님은 우리가 세상에 복음을 좀 더 잘 전할 수 있도록 지혜를 주십니다. 즉 지혜는 선교를 위한 것입니다.

세상에서 빛과 소금이 되려면 지혜가 있어야 합니다. 주변의 비그리스도인들과 관계를 잘 맺기 위해서도 지혜가 필요합니다. 인생에서 돈이나 권력이나 쾌락이 가장 중요한 것이 아니라는 사실을 보여 주기 위해서도 지혜가 필요합니다. 기독교에 회의적이거나 심지어 적대적인 사람들과 소통하는 데도 필요합니다. 그래서 바울은 이렇게 말했습니다. "외인에게 대해서는 지혜로 행하여 세월을 아끼라"(골 4:5). 사방에서 사람들이 솔로몬의 말을 들으러 찾아온 것은 그에게 하나님이 주신 지혜가 있었기 때문입니다(왕상 4:34).

> "오, 그러니 떠나지 말라. 지혜의 문에서 계속 기다리고 있으라. 모든 길이 즐거워지며, 모든 길이 평안할 것이다. 그러면 주 예수를 기다릴 가치가 있음을 알게 될 것이다. 그대 안에 성령을 받아들이면, 사람이나 마귀의 어떤 능력도 당신을 주 예수 그리스도의 길에서 떠나게 할 수 없으리라."[4]
>
> _조지 화이트필드

지혜는 우리를 주변 사람들에게 매력적이고 멋진 사람으로 만들어 줍니다. 우리는 하나님이 주신 지혜를 세상에 보여 주어야 합니다. 그리스도인이 돈 문제, 양육 문제, 고통 문제에 관해 어떻게 현명하게 행동하는지 보여 줄 필요가 있습니다. 복음이 우리를 온전히 준비시키고, 세상에서 의롭고 올바르게 살아갈 힘을 준다는 것을 보여 주어야 합니다(딛 2:11-13).

주변 사람들을 섬기고 축복하며 사랑하려면 지혜가 필요합니다.

Q 어떻게 하면 삶 가운데서 하나님의 지혜를 널리 알릴 수 있을까요?

_____

_____

_____

Q 부나 권력이나 인정보다 지혜가 더 가치 있다는 것을 어떻게 설명할 수 있을까요?

_____

_____

_____

결론

솔로몬의 이야기를 살펴볼수록, 그가 여러 가지 면에서 제대로 갖춘 왕이었다는 것을 알게 됩니다. 하나님은 그를 놀라운 방식으로 사용하셨습니다. 그의 이야기에는 우리가 본받을 것이 많습니다.

그러나 무엇보다도 솔로몬의 삶은 진정한 왕을 갈망하는 우리의 마음을 뒤흔듭니다. 우리는 완전한 지혜와 신실함으로 우리를 다스려 줄 분을 고대합니다. 솔로몬이 우리에게 완전하신 왕을 가리켜 보입니다. 그분은 지혜로 통치하며 하나님을 신뢰하는 데 전혀 거리낌이 없으신 분입니다. 그가 가리키는 것은 무한한 지혜로 다스리고 통치하시는 진정한 왕, 예수 그리스도이십니다. 실제로 바울은 "그(그리스도) 안에는 지혜와 지식의 모든 보화가 감추어져 있느니라"(골 2:3)라고 말했습니다.

솔로몬과 같은 왕, 그러나 그보다 더 위대하신 왕이 계십니다. 우리는 그분이 누구인지 알 수 있으며, 그분의 통치와 주권 아래 들어갈 수 있습니다. 지혜로운 사람은 예수님을 바라보고, 모든 면에서 그분께 온전히 순종하는 자입니다. 지혜를 보고 싶습니까? 그러면 솔로몬을 한 번 보고 나서 예수님께 시선을 고정해 보십시오. 진정한 왕을 위해 살고, 세상에 그분의 왕권을 선포하는 삶을 살기를 바랍니다.

> **핵심교리 99**
> ## 18. 진실하신 하나님
>
> 성경은 하나님 안에는 거짓이 없다고 분명하게 말합니다(딛 1:2; 히 6:18). 하나님은 모든 것을 있는 그대로 드러내십니다. 우리에게 주신 모든 말씀의 진실성을 하나님이 보증하시므로 하나님의 모든 말씀은 신뢰할 만합니다. 사람에게 정직하고 거짓 증언하지 말라는 말씀은 우리를 창조하신 분의 완전한 진실성에 근거한 말씀입니다. 진실을 말하는 것이야말로 우리가 하나님의 형상을 지닐 수 있는 유일한 방법입니다. 하나님의 아들은 곧 "길이요 진리요 생명"이십니다(요 14:6).

그리스도와의 연결

솔로몬은 위대한 지혜와 혜안으로 통치했으며, 더 위대하신 왕 예수님이 오실 것을 보여 주었습니다. 예수님 안에는 "지혜와 지식의 모든 보화"가 감추어져 있습니다(골 2:3).

> 하나님은 우리에게 주님께 의지해 위로부터 오는 지혜를 얻고, 전능하신 하나님을 사람들에게 증거하며 지혜롭게 살라고 말씀하십니다.

하나님의 계획
우리의 사명

1. 하나님을 기쁘시게 하는 이타적인 마음으로 하나님께 지혜를 구하는 기도문을 써 보십시오.

   _____

   _____

   _____

2. 어떻게 하면 소그룹/교회가 '위로부터 내려온 지혜'를 드러내고, '땅 위의 지혜'를 거부하며 세상의 빛과 소금이 될 수 있을까요?

   _____

   _____

   _____

3. 예수님이 삶의 지혜이심을 어떻게 설명할 수 있을까요? 또한 이것을 누구에게 전하겠습니까?

   _____

   _____

   _____

하나님께 지혜를 구하는 왕

*
금주의 성경 읽기
삼하 1~4장;
시 6편; 9편;
10편; 14편;
16편; 21편

지혜는 하나님의 백성을 위한 것이다

신학적 주제   성경에는 하나님이 지으신 세상에서 신실하게 살아가는 지혜가 담겨 있습니다.

Session **8**

지혜란 무엇입니까? 어떤 사람들은 지식과 정보라고 말합니다. 또 어떤 사람들은 인생 경험쯤으로 생각합니다. 행운의 쿠키 속에 든 한 줄짜리 경구를 떠올리는 사람도 있습니다. 그런데 성경은 지혜에 관해 어떻게 말합니까?

지혜는 지식 못지않게 중요합니다. 오히려 지식 이상으로 중요합니다. 지혜는 무엇을 아는가보다 어떻게 해야 할지를 아는 것입니다. 지혜로운 사람은 세상에서 신실하게 살아가는 법을 알고 있습니다. 그들은 혀를 길들이고, 만족을 유보하며, 탐욕을 통제하고, 고난을 잘 견뎌 내는 법을 압니다. 우리는 그리스도인으로서 지혜가 필요한 상황에 끊임없이 부닥칩니다.

> "시편이 하나님과의 관계에 초점을 맞추고 있다면, 잠언은 사람과의 관계에 초점을 맞추고 있습니다. 그러나 다른 사람들과 맺는 관계는 언제나 하나님과의 관계에 바탕을 두고 있으며, 하나님과의 관계는 모든 면에 영향을 미칩니다."[1]
>
> _제이 아담스

 Q '지혜' 하면 떠오르는 것은 무엇입니까?

Date .   .

지혜는 하나님의 백성을 위한 것이다

 지금 당신에게 지혜가 필요한 문제는 무엇입니까?

_____

_____

　이 세션에서 우리는 잠언을 통해 하나님이 우리에게 주신 지혜롭게 행하는 법에 관한 말씀을 살펴볼 것입니다. 지혜가 어떻게 주님을 경외하는 것에서 비롯되는지, 어떻게 우리를 하나님을 향한 믿음으로 이끄는지, 그리고 일상생활에서 실제로 어떤 도움을 주는지를 배울 것입니다. 아울러 지혜가 우리를 예수 그리스도께로 인도하며, 그리스도인의 삶에서 나타난 지혜를 통해 사람들이 주님께로 인도된다는 것을 알게 될 것입니다.

1. 지혜의 근본은 하나님을 경외함입니다(잠 1:1~7)

¹다윗의 아들 이스라엘 왕 솔로몬의 잠언이라 ²이는 지혜와 훈계를 알게 하며 명철의 말씀을 깨닫게 하며 ³지혜롭게, 공의롭게, 정의롭게, 정직하게 행할 일에 대하여 훈계를 받게 하며 ⁴어리석은 자를 슬기롭게 하며 젊은 자에게 지식과 근신함을 주기 위한 것이니 ⁵지혜 있는 자는 듣고 학식이 더할 것이요 명철한 자는 지략을 얻을 것이라 ⁶잠언과 비유와 지혜 있는 자의 말과 그 오묘한 말을 깨달으리라 ⁷여호와를 경외하는 것이 지식의 근본이거늘 미련한 자는 지혜와 훈계를 멸시하느니라

　먼저 지혜로움이 정보 습득과 어떤 관련이 있는지 주목하십시오. 지혜는 지식, 학식, 가르침, 이해력, 통찰력 있는 격언 등과 관련이 있습니다. 하지만 앞서 언급했듯이 지혜는 정보 그 이상입니다. 사상과 말씀과 가르침을 배워야 어떻게 살아갈지 알 수 있습니다.

그러므로 지혜란 특별한 직관처럼 그저 '나에게 오는 것'이 아닙니다. 지혜는 하나님이 (잠언 31장 전체를 포함한) 말씀을 통해 주시는 선물입니다. 하나님은 우리가 듣고 배우고 순종하기를 원하십니다. 그리고 지식과 통찰력으로 자기 백성을 가르치고 인도하며 권면하십니다.

 가르침을 배우는 데 있어서 그리스도인과 비그리스도인은 어떻게 다릅니까?

_____

_____

성경적인 관점에서 보면, 주님을 경외하지 않거나 그분의 길로 행하지 않는 사람은 지혜를 얻을 수 없습니다. 다시 말해서 하나님께 온전히 순종하지 않으면 지혜를 얻기 어렵다는 것입니다. 다른 식으로는 얻을 수 없습니다. 먼저 주님께 나아가며 주님을 갈망해야 합니다. 그럴 때 하나님이 우리에게 지혜를 부어 주십니다.

하나님을 경외해야 합니다. 두려움에 벌벌 떠라는 것이 아니라 주님을 경배하며 만물 위에 주님을 높이는 법을 배우라는 것입니다. 주님보다 더 소중한 이가 없고, 주님보다 더 귀한 것이 없습니다.

> "사람은 주님을 경외하지 않고는 죄를 포기할 수 없습니다."[2]
> _암브로시우스

세상의 지혜와 성경의 지혜에는 차이가 있습니다. 세상에도 어느 정도 지혜로운 사람이 있습니다만, 그것은 세상 기준에 따른 것입니다. 솔로몬이라면 세상의 지혜와 하나님이 주신 참 지혜를 구별할 것입니다. 성경의 지혜는 주님을 경외하는 데서 비롯됩니다. 이것이 잠언 및 성경 전체의 중심 주제입니다. "여호와를 경외하는 것이 지혜의 근본이요 거룩하신 자를 아는 것이 명철이니라"(잠 9:10; 참조, 시 111:10). 지혜의 뿌리는 주님을 향한 경외감에 있습니다.

 왜 주님을 경외하는 것이 지혜의 근본입니까?

_____

_____

Q 왜 하나님을 경외하지 않거나 그분의 길로 행하지 않으면 참 지혜를 얻을 수 없습니까?

_____

_____

2. 지혜는 하나님을 믿는 믿음으로 인도합니다(잠 3:1~12)

우리 시대는 "자기 자신을 믿으라"고 말합니다. 어떤 의미에서 어느 정도 자신감을 갖는 것은 건강하고 좋은 일입니다. 그러나 '자기 자신 믿기'를 삶의 방식으로 삼는 것은 어리석은 일입니다. 참 지혜는 자신이 아닌 하나님을 믿도록 인도하기 때문입니다.

¹내 아들아 나의 법을 잊어버리지 말고 네 마음으로 나의 명령을 지키라 ²그리하면 그것이 네가 장수하여 많은 해를 누리게 하며 평강을 더하게 하리라 ³인자와 진리가 네게서 떠나지 말게 하고 그것을 네 목에 매며 네 마음판에 새기라 ⁴그리하면 네가 하나님과 사람 앞에서 은총과 귀중히 여김을 받으리라 ⁵너는 마음을 다하여 여호와를 신뢰하고 네 명철을 의지하지 말라 ⁶너는 범사에 그를 인정하라 그리하면 네 길을 지도하시리라 ⁷스스로 지혜롭게 여기지 말지어다 여호와를 경외하며 악을 떠날지어다 ⁸이것이 네 몸에 양약이 되어 네 골수를 윤택하게 하리라 ⁹네 재물과 네 소산물의 처음 익은 열매로 여호와를 공경하라 ¹⁰그리하면 네 창고가 가득히 차고 네 포도즙 틀에 새 포도즙이 넘치리라 ¹¹내 아들아 여호와의 징계를 경히 여기지 말라 그 꾸지람을 싫어하지 말라 ¹²대저 여호와께서 그 사랑하시는 자를 징계하시기를 마치 아비가 그 기뻐하는 아들을 징계함같이 하시느니라

본문에서 솔로몬이 말한 요점은 "너 자신을 믿지 말고, 주님을 믿어라"입니다. 지혜는 주님을 경외하는 마음에서 비롯됩니다. 경외하는 마음은 바위처럼 단단한 믿음으로 나타나야 합니다. 그렇다면 하나님을 믿는다는 것은 무

엇입니까?

믿음은 독립독행의 자세를 버리는 것을 의미합니다(5~8절).

우리는 스스로 경험하고 깨달은 만큼만 자신을 믿을 수 있습니다. 그러나 자기 경험과 통찰력에 의지하다 보면, 주님을 신뢰하는 능력이나 간절함은 축소될 수밖에 없습니다. 반면에 주님을 신뢰하면 할수록 자신은 신뢰하지 않게 될 것입니다. 주님을 신뢰하면, 주님이 우리 길을 인도하시고, 우리에게 기쁨과 평화를 허락하심을 알게 될 것입니다.

핵심교리 99

9. 전지하신 하나님

성경은 하나님이 모든 것을 알고 계신다고 가르칩니다. 하나님은 "완전한 지식"(욥 37:16)을 가지신 분이며 이 지식은 과거, 현재, 그리고 자유의지를 부여받은 피조물들이 앞으로 내릴 결정들을 포함한 미래의 모든 것에 미칩니다. 하나님의 지식은 완전하며, 하나님은 시간을 넘어서서 존재하시는 분이므로 앞으로 일어날 모든 일을 알고 계십니다. 모든 것을 알고 계시는 하나님의 지식 앞에서 우리는 인간의 지식은 유한하다는 것과 하나님의 결정들은 지혜롭고 선하다는 것을 인정해야 합니다.

 삶의 어떤 영역에서 자신을 믿으라는 유혹을 받습니까? 어떻게 하면 자신을 믿는 데서 하나님을 믿는 믿음으로 나아갈 수 있을까요?

_____

_____

_____

믿음은 주님께 재정 관리를 맡겨 드리는 것을 의미합니다(9~10절).

솔로몬은 믿음은 가진 것을 드리는 것으로 드러나야 한다고 말했습니다. 우리는 수입의 첫 결실을 드림으로써 하나님을 찬미해야 합니다. 우리는 그리스도인이 얼마의 돈을 드려야 하는지, 하나님은 몇 퍼센트를 기대하고 계시는지, 나가고 들어오는 것 등을 곰곰이 생각해 볼 수 있습니다. 그러나 중요한 것은 돈과 헌금을 십자가의 관점에서 바라봐야 한다는 것입니다. 솔로몬은 십자가 앞에서 자기 부로 하나님을 공경하는 것에 관해 말하고 있습니다. 예수님의 죽음과 부활을 통해 드러난 하나님의 은혜를 목격하고 경험한 백성으로서 우리는 얼마나 많은 재물로 하나님을 공경해야 하겠습니까?

"우리 주 예수 그리스도의 은혜를 너희가 알거니와 부요하신 이로서 너희를 위하여 가난하게 되심은 그의 가난함으로 말미암아 너희를 부요하게 하려 하심이라"(고후 8:9).

> *"하나님께 훈계하지 말아 달라고 청하는 것은 덜 사랑해 달라고 청하는 것과 같습니다."[3]*
>
> _데이비드 K. 스탭나우

 Q 재정 문제에서 어리석음은 무엇이며, 지혜는 무엇입니까?

_____

_____

믿음은 고통을 잘 견뎌 내는 것을 의미합니다(11~12절).

하나님은 우리를 사랑하시기에 훈련시키십니다. 우리가 성장하고 성숙하며 거룩해지기를 원하시기에 우리 앞에 시련과 역경을 보내십니다. 이것을 솔로몬은 아들을 기뻐하는 아버지에 비유했습니다. 아버지는 아들을 진심으로 기뻐하기에 아들을 징계합니다. 아들이 엇나가는 것을 알고도 아이를 훈육하지 않을 아버지가 있을까요?

하나님은 완전한 아버지이십니다. 우리를 어떻게 훈련하고, 어떻게 하면 우리에게 유익을 줄 수 있는지 정확히 아십니다. 설령 하나님이 내게 손해를 끼치시는 것처럼 느껴질지라도, 사실 그분은 나를 치료해 주고 계신 것입니다. 훈련이 하나님이 우리에게 주시는 '약'이라는 사실을 안다면, 무조건 꺼려서는 안 될 것입니다. 약을 즐기지는 않지만, 그것이 우리 건강을 축내는 질병이나 박테리아를 죽인다는 것을 알기 때문입니다.

결국 고난과 역경은 기쁨과 성화에 이르는 한 가지 방법입니다. 또한 그것은 우리가 기쁨과 안전을 누리기 위해 집착하는 것들이 무엇인지 폭로하는 동시에 하나님을 향한 믿음이 부족하다는 것을 드러내 보여 줍니다. 그러나 믿음이란 시련과 슬픔 속에서도 하나님은 선하시니 선을 행하시리라고 믿는 것입니다(시 119:68).

Q 하나님을 믿는 것과 관련해서 부딪히게 되는 장애물에는 어떤 것들이 있습니까?

_____

지혜는 하나님의 백성을 위한 것이다

어떻게 하면 우리 앞에 닥친 어려움을 장애물이 아닌 하나님을 신뢰할 기회로 볼 수 있을까요?

_____

_____

3. 지혜는 하나님이 만드신 세상에서 살아가는 법을 가르쳐 줍니다(잠 22:1~10)

¹많은 재물보다 명예를 택할 것이요 은이나 금보다 은총을 더욱 택할 것이니라 ²가난한 자와 부한 자가 함께 살거니와 그 모두를 지으신 이는 여호와시니라 ³슬기로운 자는 재앙을 보면 숨어 피하여도 어리석은 자는 나가다가 해를 받느니라 ⁴겸손과 여호와를 경외함의 보상은 재물과 영광과 생명이니라 ⁵패역한 자의 길에는 가시와 올무가 있거니와 영혼을 지키는 자는 이를 멀리 하느니라 ⁶마땅히 행할 길을 아이에게 가르치라 그리하면 늙어도 그것을 떠나지 아니하리라 ⁷부자는 가난한 자를 주관하고 빚진 자는 채주의 종이 되느니라 ⁸악을 뿌리는 자는 재앙을 거두리니 그 분노의 기세가 쇠하리라 ⁹선한 눈을 가진 자는 복을 받으리니 이는 양식을 가난한 자에게 줌이니라 ¹⁰거만한 자를 쫓아내면 다툼이 쉬고 싸움과 수욕이 그치느니라

주님의 말씀을 읽고 그것에 관해 이야기를 나누지만, 실제로 그 말씀을 행하지 않아도 된다면 솔깃한 일입니다. 야고보는 말씀을 듣기만 하는 것의 위험성을 이렇게 경고했습니다. "너희는 말씀을 행하는 자가 되고 듣기만 하여 자신을 속이는 자가 되지 말라"(약 1:22).

말씀을 읽기만 하고 행하지 않는 것은 자기기만입니다. 예수님은 지상명령을 내리며 이렇게 말씀하셨습니다.

"그러므로 너희는 가서 모든 민족을 제자로 삼아 아버지와 아들과 성령의 이름으로 세례를 베풀고 내가 너희에게 분부한 모든 것을 가르쳐 지키게 하라 볼

지어다 내가 세상 끝날까지 너희와 항상 함께 있으리라 하시니라"(마 28:19~20).

예수님은 우리가 말씀을 배우는 데서 그치지 않고, 말씀대로 행하기를 원하십니다. 우리는 종종 아는 것만으로도 변화가 저절로 일어나리라는 생각에 빠지곤 합니다. 앎이 필요한 것은 사실이지만, 예수님이 우리에게 원하시는 것은 아는 대로 순종하는 것입니다.

Q 잠언 22장 1~10절은 우리에게 어떻게 살아가라고 가르쳐 줍니까?

• 1절 _____

• 2절 _____

• 3절 _____

• 4절 _____

• 5절 _____

• 6절 _____

• 7절 _____

• 8절 _____

• 9절 _____

• 10절 _____

지금까지 살펴본 모든 영역과 삶의 문제들을 생각해 보십시오. 본문의 열 구절 안에 다 들어 있습니다! 지혜는 재정 문제, 양육 문제, 사고방식, 세상을 대하는 태도 등 삶의 전 영역에서 요구됩니다. 우리 삶에서 지혜가 필요하지 않은 곳은 없습니다. 하나님은 우리에게 줄곧 말씀해 오셨습니다. 문제는 우리가 듣고 순종하는가입니다. 하나님이 지시하시는 일을 실제로 행하겠습니까?

많은 사람이 이런 위험한 짓을 저지릅니다. 말씀을 암송하고 연구하며 토론하면서도 실제로는 아무것도 하지 않

> "지혜 안에 살면 복음을 전하기 마련입니다. … 그리스도의 사랑에 사로잡히고 성경의 지혜로 인도를 받을 때 우리는 사람들에게 그리스도를 믿으라고 권면하는 일을 찾아 나섭니다. 지혜는 그리스도를 좇으며 또한 다른 사람들을 그분께로 인도합니다."[4]
>
> _조나단 리먼

는 것입니다. 하나님이 주신 모든 말씀이 우리 마음속에 뿌리를 내리고, 하나님께 실제적인 순종으로 나타나야 합니다. 그래야만 다른 사람들에게도 말씀을 전하고, 그 말씀에 순종하라고 요청할 수 있습니다. 주님의 진리에 순종하지 못한다면, 다른 사람에게 주님을 전해도 열매를 맺지 못할 것입니다.

Q 우리는 더 지혜로운 방법을 알면서도 종종 어리석은 실수를 저지르곤 합니다. 복음은 이 어리석음을 다루는 데 어떤 도움을 줍니까?

_____

_____

결론

예수님으로 말미암아 지혜가 정보나 통찰이 아니라는 사실을 알게 되었습니다. 지혜는 곧 예수님입니다(고전 1:30). 예수님은 가시화된 하나님의 지혜이십니다. 예수님은 세상의 눈에는 어리석어 보이는 일을 하셨습니다. 우리를 위해 자기 목숨을 내어놓으신 것입니다. 예수님의 죽음과 부활 덕분에 우리는 주님을 알고 따를 수 있게 되었습니다. 주님을 경외하며 모든 믿음을 주님께 맡길 때, 주님은 우리를 세상에서 주님의 복음을 선포하고 그분의 이름을 드러내는 지혜로운 자들로 만들어 주십니다.

그리스도와의 연결

지혜는 하나님이 만드신 세상에서 신실하게 살아가는 데 유용한 기술이지만, 우리는 모두 죄를 지었습니다. 지혜는 살아가는 법을 가르쳐 주지만, 구원을 줄 수는 없습니다. 이 때문에 하나님이 '예수님'이라는 지혜를 우리에게 보내 주셨습니다(고전 1:30). 예수님의 죽음과 부활을 통해 우리는 구원을 받습니다. 모든 것이 하나님의 지혜로운 계획이었습니다.

하나님의 계획
우리의 사명

하나님은 우리에게 지혜로운 자의 길을 따라 살며, 잠언의 지혜처럼 다른 사람들을 예수님을 통한 신실하고 지혜로운 삶으로 이끌라고 말씀하십니다.

1. 자기 자신이나 다른 사람들이 현명한 결정을 내릴 수 있도록 성경의 지혜를 사용한 적이 있습니까?

    _____

    _____

    _____

2. 재정 영역에서 하나님을 신뢰하는 것은 예수 그리스도를 믿는 지혜를 전하는 데 어떻게 도움이 될까요?

    _____

    _____

    _____

3. 다른 사람들을 그리스도께 인도하기 위해 하나님의 말씀을 내면화하고 그 지혜로 행하려면 어떻게 해야 할까요?

    _____

    _____

    _____

지혜는 하나님의 백성을 위한 것이다

*
금주의 성경 읽기
대상 1~2장;
시 43~44편;
49편; 84~85편;
87편

솔로몬의 성전이 의미하는 것

 신학적 주제 오늘날 하나님의 성전은 성령의 임재가 있는 '하나님의 백성'입니다.
주의 백성은 주의 이름을 품고, 주의 사역에 동참합니다.

 Session 9

현재 세계에서 가장 높은 건물은 두바이의 '부르즈 할리파'로 알려져 있습니다. 이 건물의 웹 사이트에는 이렇게 소개되어 있습니다.

"부르즈 할리파는 세계에서 가장 높은 건물일 뿐만 아니라 전례 없는 국제 협력의 장이며 진보의 상징이자 새롭고 역동적이며 번영하는 중동의 상징입니다. 또한 세계에서 두바이의 역할이 커지고 있음을 보여 주는 확실한 증거이기도 합니다. 30년이 채 안 되어 이 도시는 지역의 중심에서 세계의 중심으로 탈바꿈했습니다. 이러한 성공은 석유 매장량이 아닌 인간의 재능과 독창성과 진취성에 달려 있는데, 부르즈 할리파가 그 비전을 구현해 낸 것입니다."[1]

부르즈 할리파는 단순한 건물이 아니라는 메시지입니다. 우뚝 솟은 건물 그 이상의 의미가 있습니다. 전 세계에 그 뜻을 펼치기 위해 지어진 것입니다.

Date .   .

Q 역사상 위대한 건축물과 구조물의 목록을 작성해 보십시오. 목록을 보면 어떤 생각이
떠오릅니까?

_____

_____

Q 그 건축물들은 어떤 메시지를 전달합니까?

_____

_____

이 세션에서 우리는 솔로몬이 주님을 위해 성전을 짓는 모습을 보게 될 것입니다. 왜 그가 성전을 짓고자 했으며, 어떻게 해서 성전이 하나님의 집이라 불리고, 하나님의 임재를 나타냈으며, 세상에 하나님의 영광을 드러내게 되었는지 살펴볼 것입니다. 그리스

> "교회는 살아계신 하나님의 성
> 전입니다. … 예수 그리스도를
> 머릿돌 삼아 선지자와 사도들
> 의 기초 위에 세워졌습니다."²
> _마이클 버드

도인은 사도들이 "하나님의 성전"으로 묘사했던 교회에 속한 사람들입니다. 구약성경에서 성전은 건물을 의미하지만, 신약성경에서는 백성을 의미합니다. 우리는 하나님의 처소로 함께 지어져 가고 있습니다. 바로 세상을 향해 빛을 밝히고 소망을 주는 표지입니다.

1. 성전은 하나님의 이름을 모십니다(왕상 5:1~5)

이름에는 힘이 있습니다. 쉬는 시간에 링컨, 아인쉬타인, 모짜르트, 스티브 잡스 등의 이름을 언급하면 상대방과 흥미로운 대화를 시작할 수 있습니다. 솔로몬 왕도 이름이 가진 힘을 알았습니다. 이름에 담긴 존중과 명예도 알았습

니다. 이것이 그가 주님을 위해 집을 짓고 싶어 했던 이유였습니다.

> [1]솔로몬이 기름 부음을 받고 그의 아버지를 이어 왕이 되었다 함을 두로 왕 히람이 듣고 그의 신하들을 솔로몬에게 보냈으니 이는 히람이 평생에 다윗을 사랑하였음이라 [2]이에 솔로몬이 히람에게 사람을 보내어 이르되 [3]당신도 알거니와 내 아버지 다윗이 사방의 전쟁으로 말미암아 그의 하나님 여호와의 이름을 위하여 성전을 건축하지 못하고 여호와께서 그의 원수들을 그의 발바닥 밑에 두시기를 기다렸나이다 [4]이제 내 하나님 여호와께서 내게 사방의 태평을 주시매 원수도 없고 재앙도 없도다 [5]여호와께서 내 아버지 다윗에게 하신 말씀에 내가 너를 이어 네 자리에 오르게 할 네 아들 그가 내 이름을 위하여 성전을 건축하리라 하신 대로 내가 내 하나님 여호와의 이름을 위하여 성전을 건축하려 하오니

솔로몬이 히람에게 성전을 지으려는 이유를 설명합니다. 여기서 우리는 두 가지에 주목해야 합니다.

첫째, '하나님의 주권적 역사'입니다.

하나님은 솔로몬에게 모든 면에서 안식을 주셨습니다. 솔로몬이 아니라 하나님이 그렇게 하셨습니다. 하나님은 솔로몬 왕국을 확장하기 위해 일하고 움직이셨습니다. 이때는 다윗 시대와 달리 나라가 평안하고 평화로웠습니다. 하나님은 이스라엘의 대적들을 정복하시고, 모든 면에서 나라를 확고히 세우셨습니다.

성전은 주님이 사랑하는 민족을 위해 하신 일을 가시적으로 기리는 곳입니다. 하나님은 이스라엘을 애굽에서 인도해 내셨으며, 그들에게 율법을 주셨습니다. 그들로 하여금 광야를 건너 젖과 꿀이 흐르는 땅으로 들어가게 하셨으며, 나라를 세워 주셨습니다. 솔로몬은 하늘의 하나님께 합당한 건축물을 세움으로써 하나님의 주권적인 사역을 기리고자 했습니다.

 이스라엘 백성은 성전을 보고 어떤 느낌을 받았을까요?

이방 백성은 성전을 보고 어떤 느낌을 받았을까요?

_____

_____

둘째, '하나님의 은혜로운 약속'입니다.

솔로몬이 성전을 지은 두 번째 이유는 하나님이 다윗 왕에게 그렇게 약속하셨기 때문입니다(5절). 하나님은 약속을 이루시는 분입니다. 솔로몬이 태어나기 전에 하나님은 다윗의 아들로 하여금 왕국을 확립하게 하겠다고 선포하신 바 있습니다. 그 약속이 솔로몬 시대에 실현되려는 것입니다. 성전은 하나님의 사역에 관한 증거일 뿐 아니라, 하나님의 말씀이 이루어진 증거이기도 했습니다. 우리가 섬기는 하나님은 약속을 지키시는 분입니다.

하나님은 성전으로 보여 주고자 하셨던 것을 자기 아들로 더 많이 보여 주실 것입니다. 그분은 자신이 참 성전임을 선포하실 것입니다(요 2:12~25). 이런 이유로 이제 하나님의 이름은 더 이상 장소에 매이지 않습니다. 예수님에게서 그 이름을 발견하기 때문입니다. 예수님께 나아가면 하나님의 사역과 약속을 온전히 볼 수 있습니다.

 예수님은 성전의 어떤 목적을 성취하셨습니까?

_____

_____

2. 성전은 하나님의 임재가 있는 곳입니다(왕상 8:10~14)

솔로몬은 성전을 완공한 후 그곳에 언약궤를 들이기 위해 제사장, 레위인, 각지파의 우두머리와 함께 온 이스라엘을 모이게 했습니다(왕상 8:1~9). 그날 하나님이 자기 백성 가운데 영광을 나타내셨습니다. 회중 가운데 서서 하나님의 영광이 드러나는 장대한 광경을 목격하고 있는 자신을 상상해 보십시오.

¹⁰제사장이 성소에서 나올 때에 구름이 여호와의 성전에 가득하매 ¹¹제사장이 그 구름으로 말미암아 능히 서서 섬기지 못하였으니 이는 여호와의 영광이 여호와의 성전에 가득함이었더라 ¹²그때에 솔로몬이 이르되 여호와께서 캄캄한 데 계시겠다 말씀하셨사오나 ¹³내가 참으로 주를 위하여 계실 성전을 건축하였사오니 주께서 영원히 계실 처소로소이다 하고 ¹⁴얼굴을 돌이켜 이스라엘의 온 회중을 위하여 축복하니 그때에 이스라엘의 온 회중이 서 있더라

이 일을 통해 솔로몬과 이스라엘 백성은 자신들을 향한 하나님의 사랑과 헌신을 다시금 확인할 수 있었습니다. 원래 하나님은 아무도 볼 수 없는 짙은 어둠에 머물러 계셨습니다(12절). 그러나 이제 하나님의 이름과 임재를 위해 지어진 곳에서 자기 백성과 함께 거하기 위해 내려오셨습니다. 제사장들이 하던 일을 멈춰야 할 정도로 가까이 생생하게 다가오셨습니다.

그날 이스라엘은 하나님을 복으로 받았습니다. 하나님이 자기 백성에게 주실 수 있는 가장 큰 복은 바로 '하나님의 임재'입니다. 사실, 백성 가운데 머무시려는 하나님의 뜻은 성경 전체에 두루 나타나 있습니다. 성경의 시작부터 끝까지 이 주제가 담겨 있습니다.

그리스도인에게 삶의 큰 희망은 하나님께 무언가를 얻어내는 데 있는 것이 아니라, 하나님을 얻는 데 있습니다. 하나님은 우리가 그분의 임재를 느끼고, 그분에 관해 더 많이 알기를 원하십니다.

 언제 하나님의 임재를 실감했습니까? 그때 무엇을 보고 성령의 역사를 확신했나요?

_____

_____

신약성경은 예수님이 하나님의 참 성전이며, 그분을 따르는 우리도 하나님의 성전이라고 가르칩니다. 하나님은 성령을 통해 그분의 백성 가운데 거하십니다.

베드로는 이렇게 말했습니다. "사람에게는 버린 바가 되었으나 하나님께는 택하심을 입은 보배로운 산 돌이신 예수께 나아가 너희도 산 돌같이 신령한 집으로 세워지고 예수 그리스도로 말미암아 하나님이 기쁘게 받으실 신령한 제사를 드릴 거룩한 제사장이 될지니라"(벧전 2:4~5). 베드로는 우리가 하나님께 제사드리는 제사장이 되었다고 말합니다. 하나님의 백성은 더 이상 성전 밖에서 있지 않아도 됩니다. 하나님의 이름으로 모일 때, 주님이 만나 주십니다. 하나님의 임재는 그분의 백성이 있는 곳에서 나타나는데, 성령님이 그 마음 가운데 거하시기 때문입니다.

불행히도 많은 그리스도인이 매 주일예배에 참석하면서도, 설교나 찬양이나 기도나 헌금을 통해 하나님의 임재와 영광을 경험하지 못하고 있습니다.

마음이 재밋거리와 걱정거리와 해야 할 일들로 가득 차 있기 때문입니다. 그러나 베드로의 말이 사실이라면(당연히 사실입니다!) 하나님의 백성과 함께 모일 때 우리는 일주일 중에 가장 신나는 행사에 참여하는 것입니다.

> "완벽한 교회 예배는 거의 의식하지 못한 채로 드려질 수 있습니다. 그 순간 관심이 하나님께만 있었을 테니 말입니다."[3]
>
> _C. S. 루이스

 Q 주일예배에 어떤 자세로 임하는지 솔직하게 말해 봅시다. 좀 더 의미 있고 유익한 예배가 되도록 어떤 준비를 할 수 있을까요?

_____

_____

3. 성전은 하나님이 사역하시는 곳입니다(왕상 8:54~61)

[54]솔로몬이 무릎을 꿇고 손을 펴서 하늘을 향하여 이 기도와 간구로 여호와께 아뢰기를 마치고 여호와의 제단 앞에서 일어나 [55]서서 큰 소리로 이스라엘의 온 회중을 위하여 축복하며 이르되 [56]여호와를 찬송할지로다 그가 말씀하신 대로 그의 백성 이스라엘에게 태평을 주셨으니 그 종 모세를 통하여 무릇 말씀하신 그 모든 좋은 약속이 하나도 이루어지지

아니함이 없도다 [57]우리 하나님 여호와께서 우리 조상들과 함께 계시던 것같이 우리와 함께 계시옵고 우리를 떠나지 마시오며 버리지 마시옵고 [58]우리의 마음을 주께로 향하여 그의 모든 길로 행하게 하시오며 우리 조상들에게 명령하신 계명과 법도와 율례를 지키게 하시기를 원하오며 [59]여호와 앞에서 내가 간구한 이 말씀이 주야로 우리 하나님 여호와께 가까이 있게 하시옵고 또 주의 종의 일과 주의 백성 이스라엘의 일을 날마다 필요한 대로 돌아보사 [60]이에 세상 만민에게 여호와께서만 하나님 이시고 그 외에는 없는 줄을 알게 하시기를 원하노라 [61]그런즉 너희의 마음을 우리 하나님 여호와께 온전히 바쳐 완전하게 하여 오늘과 같이 그의 법도를 행하며 그의 계명을 지킬지어다

일반적으로 이스라엘 민족을 선교와 직접 연관시키지는 않습니다. 특히 성전에 관해서 그렇습니다. 하지만 대충 읽고 지나곤 했던 이 본문이 사실은 솔로몬이 한 기도 중에서 가장 중요한 부분입니다. 그는 백성을 축복하고, 나라를 위해 "여호와께서만 하나님이시고 그 외에는 없는 줄을 알게 하시기를 원하노라"(60절) 하고 기도했습니다.

이것이 하나님이 이스라엘 민족을 택하신 이유 중 하나입니다. 하나님은 이스라엘을 위해 그들을 택하신 것이 아닙니다. 열방을 위해 그들을 택하셨습니다. 하나님은 열방이 주님 안에서 기뻐하기를 바라시는 온 세상의 하나님이십니다(참조, 시 67편). 그들은 땅끝까지 주의 영광을 전하는 사명을 지닌 특별한 민족이 될 것입니다(출 19:5~6).

이스라엘의 성전은 하나님이 온 땅 가운데 행하고자 하시는 일을 상징합니다. "이는 물이 바다를 덮음 같이 여호와의 영광을 인정하는 것이 세상에 가득함이니라"(합 2:14)라는 하박국의 예언이 성취되도록 이스라엘뿐 아니라 모든 열방에 주님의 이름과 영광이 전해지기를 바라셨습니다.

 오늘날 우리가 하나님의 성전이라면 우리는 세상에 하나님을 나타내게 됩니다. '하나님의 성전'으로서 열방에 하나님을 어떻게 나타내고 있습니까?

오늘날 그리스도인에게는 주어진 사명을 감당해야 할 책임이 더욱 긴급히 요구되고 있습니다. 우리는 지상의 성전으로 살아갑니다. 하나님은 그분의 대사로 보내심을 받은 우리 안에 거하시며 부족한 부분을 채워주십니다(참조, 엡 2:18~22; 벧전 2:4~5). 하나님은 열방에 주의 이름을 전파하고 이 땅에 하나님을 나타내기 위해 우리를 부르셨습니다.

핵심교리 99

80. 성령의 전

성령은 성도 개인 그리고 교회 공동체 안에 거하십니다(고전 3:16~17, 12:13). '성령의 전'인 우리는 이전과는 다른 삶을 살며, 내주하시는 성령의 역사로만 열리는 고결한 열매들을 맺습니다(갈 5:22-23). 성령이 내주하시며 행하시는 이러한 역사는 교회의 개개 구성원들에게 직분 수행에 필요한 은사들을 갖추게 해 줍니다.(고전 12:11).

우리 앞에 놓인 이 위대한 사명은 평범한 사람들과 평범한 대화를 나누는 평범한 그리스도인들에게서 시작된다는 점을 알아야 합니다. 길을 걷고 이웃과 친해지는 것에서 시작됩니다. 믿지 않는 자들을 위해 시간과 돈과 안락함을 포기하는 것에서 시작됩니다. 거절을 두려워하지 않고 직장 동료에게 기독교에 관해 어떻게 생각하는지 묻는 데서 시작됩니다. 하나님께 기꺼이 쓰임 받으려는 자세로 사역하며 살아가는 하루하루에서 시작됩니다. 다른 사람들에게 예수님을 전하지 않고서 예수님을 따른다고 말하기는 어렵습니다. 예수님을 절실하게 따르면 다른 이들이 주님을 따르고 순종할 수 있도록 도울 수밖에 없습니다.

그리스도인은 구원받은 백성입니다. 또한 보냄 받은 백성이기도 합니다. 우리는 하나님의 이름을 짊어지고, 모든 사람에게 주님을 알리도록 세상에 보내졌습니다. 그리고 언젠가는 예수 그리스도의 보좌 앞에서 모두 모여 이렇게 노래할 것입니다. "두루마리를 가지시고 그 인봉을 떼기에 합당하시도다 일찍이 죽임을 당하사 각 족속과 방언과 백성과 나라 가운데에서 사람들을 피로 사서 하나님께 드리시고"(계 5:9).

 Q 복음을 전하는 삶을 살 때 느끼는 가장 큰 두려움은 무엇입니까?

Q 세상을 향한 하나님의 마음은 이 두려움을 극복하는 데 어떤 도움이 됩니까?

결론

이 세션에서 우리는 두 가지 중요한 진리를 배웠습니다. 하나님이 그분의 백성 가운데 거하기를 원하신다는 것과 그분의 이름이 열방에 알려지기를 원하신다는 것입니다. 솔로몬의 이야기에서 구속사로 나아감에 따라 이 진리가 더욱 분명해집니다. 하나님은 더 이상 지리상 특정한 장소에 거하지 않으십니다(요 4:21~24). 이제는 그리스도 안에 있는 사람들 가운데 거하고 계십니다. 그뿐만 아니라 하나님의 백성이 주의 이름과 영광을 열방에 전하게 하려 하십니다. 우리는 하나님이 우리와 언제나 함께하신다는 확신을 가지고, 열방을 제자 삼아야 합니다(마 28:19~20). 우리는 주의 이름과 주의 임재와 주의 사명을 위해 부름받았습니다.

그리스도와의 연결

성전은 하나님의 하나님 되심을 열방에 알리기 위해 하나님의 이름이 높여지는 곳이었고, 하나님의 임재가 경험되는 곳이었습니다. 예수님은 하나님의 성전 된 자신에 관해 말씀하셨으며, 자신의 삶과 죽음과 부활을 통해 하나님의 이름을 높이셨고, 하나님의 임재를 구현하며, 하나님의 사역을 확장하셨습니다.

하나님의 계획 우리의 사명	하나님은 세상 사람들에게 하나님이 왕이심을 알리는 성전의 본래 목적을 이루시기 위해 우리에게 순종과 헌신을 요구하십니다.

1. 그리스도 안에 있는 하나님의 성전으로서 우리 소그룹/교회가 복음을 전할 때 그리스도의 이름을 잘 드러내려면 어떻게 해야 할까요?

   _____

   _____

   _____

2. 성령을 통해 언제나 함께하시는 하나님의 임재를 인식하는 것은 우리 삶에 어떤 영향을 미칩니까? 이 사실을 알아가도록 서로 어떻게 도울 수 있을까요?

   _____

   _____

   _____

3. 하나님의 백성은 '하나님의 성전'입니다. 이것은 사역의 부르심과 관련해 우리의 마음가짐을 어떻게 달라지게 합니까?

   _____

   _____

   _____

솔로몬의 성전이 의미하는 것

*
금주의 성경 읽기
**대상 3~6장;
시 36편; 39편;
77~78편**

한때 지혜로웠으나
어리석어진 왕

신학적
주제) 어리석음이란 삶의 각 영역에서 하나님께 영광을 드리지 못하는
것입니다.

Session
10

J. R. R. 톨킨의 걸작 《반지의 제왕》(*The Lord of the Rings*)에서 가장 인상적인 장면 중 하나는 진정한 왕 아라곤이 마침내 왕관을 쓰고 그에게 합당한 왕좌에 오르는 장면입니다.

"프로도가 앞으로 나아와 파라미르에게서 왕관을 가져다 간달프에게 전달했다. 그리고 아라곤이 무릎을 꿇자 간달프가 그의 머리 위에 흰 왕관을 씌우고 말했다.

'이제 왕의 시대가 도래했으니 발랄의 왕위가 계속되는 한 복이 넘치길!'

아라곤이 일어서자 그를 바라보던 모든 사람은 침묵 속에서 그를 응시했다. 왜냐하면 이제서야 처음으로 그가 드러난 것 같았기 때문이다. 과거 바다의 왕들처럼 키가 큰 그는 주위 사람들보다 우뚝 솟아 있었다. 그는 고대의 현자처럼 원숙해 보이면서도 청년의 패기가 넘쳐 보였다. 그의 눈에는 지혜가, 그의 손에는 힘과 치유가 있었고, 그의 주변에는 빛이 있었다. 그러자 파라미르가 외쳤다.

Date . .

'보라, 왕이로다!'"[1]

가슴이 벅차오르는 장면입니다. 우리는 지상의 왕에게 다스림을 받아 본 적이 없지만, 이 장면에 공감합니다. 왜 그럴까요? 우리가 마음속 깊이 왕을 갈망하고 있기 때문은 아닐까요? 그 왕은 그저 그런 왕이 아니라, 선하고 지혜롭고 은혜로운 왕입니다.

> "우리에게는 왕이 필요합니다. 온전히 의롭고, 타락을 모르며, 전적으로 선하고, 악의가 전혀 없는 그런 왕이 필요합니다. 그분은 자기에게 나아와 주님으로 기꺼이 고백하는 자기 백성을 힘 있게 구원하고 변화시키십니다. 왕이신 예수님, 만세!"[2]
>
> _D. A. 카슨

성경을 보면 우리의 갈망이 진리에서 비롯되었음을 알 수 있습니다. 진정한 왕이 계십니다. 모든 일을 바로잡기 위해 그분이 다시 오실 것입니다. 불행히도 역사는 우리가 거짓 왕을 자주 맞아들인다는 사실을 보여 줍니다. 선했던 왕도 악의 길로 들어설 수 있습니다.

 경건했던 지도자가 어리석은 짓을 하는 것을 보고 실망한 적이 있습니까? 그때 어떤 반응을 보였습니까?

_____

_____

이 세션에서 우리는 솔로몬이 통치 말기에 드러낸 어리석음을 보게 될 것입니다. 솔로몬의 이야기는 누구나 어리석은 선택을 하면, 하나님과의 동행에서 이탈할 수 있다는 것을 경고해 줍니다. 또한 우리의 유일한 소망은 지혜와 의가 완전하신 진정한 왕, 예수 그리스도께 있음을 일깨워 줍니다. 그리스도인은 자신의 어리석음을 회개하고, 지혜와 구원을 주시는 하나님을 의지해 다른 이들을 주님께 인도해야 합니다.

1. 어리석은 선택을 하면 하나님께 온전히 헌신할 수 없습니다

(왕상 11:1~8)

¹솔로몬 왕이 바로의 딸 외에 이방의 많은 여인을 사랑하였으니 곧 모압과 암몬과 에돔과 시돈과 헷 여인이라 ²여호와께서 일찍이 이 여러 백성에 대하여 이스라엘 자손에게 말씀하시기를 너희는 그들과 서로 통혼하지 말며 그들도 너희와 서로 통혼하게 하지 말라 그들이 반드시 너희의 마음을 돌려 그들의 신들을 따르게 하리라 하셨으나 솔로몬이 그들을 사랑하였더라 ³왕은 후궁이 칠백 명이요 첩이 삼백 명이라 그의 여인들이 왕의 마음을 돌아서게 하였더라 ⁴솔로몬의 나이가 많을 때에 그의 여인들이 그의 마음을 돌려 다른 신들을 따르게 하였으므로 왕의 마음이 그의 아버지 다윗의 마음과 같지 아니하여 그의 하나님 여호와 앞에 온전하지 못하였으니 ⁵이는 시돈 사람의 여신 아스다롯을 따르고 암몬 사람의 가증한 밀곰을 따름이라 ⁶솔로몬이 여호와의 눈앞에서 악을 행하여 그의 아버지 다윗이 여호와를 온전히 따름같이 따르지 아니하고 ⁷모압의 가증한 그모스를 위하여 예루살렘 앞 산에 산당을 지었고 또 암몬 자손의 가증한 몰록을 위하여 그와 같이 하였으며 ⁸그가 또 그의 이방 여인들을 위하여 다 그와 같이 한지라 그들이 자기의 신들에게 분향하며 제사하였더라

본문은 성경에서 우상 숭배를 가장 잘 보여 주는 장면 중 하나입니다. 우상 숭배와 어리석음은 밀접한 관련이 있습니다. 지혜가 주님을 최우선으로 경외하는 것이라면, 어리석음은 주님보다 다른 무엇을 우선하는 것입니다. 어리석은 선택에는 늘 우상 숭배가 수반되기 마련입니다.

솔로몬이 어쩌다가 이렇게 되었습니까? 어쩌다가 그의 마음속에 우상을 숭배하는 태도가 뿌리를 내렸습니까?

첫째, 하나님의 말씀을 무시하면 우상 숭배가 시작됩니다. 하나님의 구체적인 지시를 무시한 데서 솔로몬의 일탈이 시작되었습니다.

왕은 자신을 위해 금이나 말을 많이 모아서는 안 되며, 아내를 많이 두어

서도 안 됩니다(신 17:14~20). 그렇게 하면, 마음이 미혹될 것입니다.

이처럼 우상 숭배는 하나님의 율법을 무시하는 데서 시작됩니다. 어리석어서 창조주를 버리고 피조물을 섬깁니다(롬 1:18~23). 참된 기쁨의 샘을 꺼린 채, 고집스럽게 더러운 우물을 팝니다(렘 2:13).

> "세상에는 아주 많은 것이 있는데, 사람들은 그 안에서 하나님을 찾기보다 행복을 구합니다. 마음속에 우상이 어찌나 많은지 우상 숭배의 종류도 아주 많습니다."[3]
>
> _존 웨슬리

Q 잘 알려지지 않아 간과하기 쉬운 성경의 명령에는 어떤 것들이 있을까요?

_____

Q 물질 소유는 영적 상태에 어떤 영향을 미칩니까?

_____

둘째, 우상 숭배는 마음에 분열을 일으킵니다. 사람이나 체험이나 욕망이 우리의 주의를 끌고, 생각을 사로잡습니다.

그로 인해 하나님이 우리 삶의 중심에서 서서히 밀려나시게 됩니다. 우상은 관심과 애정을 요구합니다. 예를 들어, 경력이 우상인 사람은 모든 시간과 에너지를 경력 쌓기에 쏟을 것입니다. 초과 근무를 하고, 편법을 쓰고, 가족과의 시간을 희생하며, 교회 공동체와 보내는 시간을 게을리합니다. 어떤 일이 벌어질까요? 우상이 목구멍까지 들어차서 하나님을 향한 헌신을 질식시킬 것입니다. 이렇듯 우상 숭배는 분열을 낳습니다.

Q '두 마음'을 가지면 어떤 징후가 나타납니까?

_____

Q 당신의 마음이 주님께 온전히 헌신하는지 아니면 다른 것을 쫓느라 분열되었는지 어떻게 알 수 있습니까?

_____

셋째, 우상 숭배의 끝은 멸망입니다. 사도 바울은 십자가의 원수에 관해 이렇게 말했습니다. "그들의 마침은 멸망이요 그들의 신은 배요 그 영광은 그들의 부끄러움에 있고 땅의 일을 생각하는 자라"(빌 3:19). 우상 숭배에 관한 말입니다. 다른 것에 관심과 열정을 두고 있다면, 회개하고 주님을 찾기 전까지는 그 끝이 멸망일 수밖에 없습니다.

우리는 솔로몬 왕이 일탈해서 우상 숭배 때문에 주님께 심판받은 것을 알고 있습니다. 하나님은 그를 그의 욕망에 버려두셨고, 이스라엘은 고통을 겪어야 했습니다. 우상 숭배는 언제나 우리에게 좌절감을 주며, 우리를 몰락으로 이끕니다. 이어지는 이야기를 보면 더욱 잘 알게 될 것입니다.

2. 어리석은 선택을 하면 다른 사람들에게 악영향을 미칩니다
(왕상 11:9~13)

⁹솔로몬이 마음을 돌려 이스라엘의 하나님 여호와를 떠나므로 여호와께서 그에게 진노하시니라 여호와께서 일찍이 두 번이나 그에게 나타나시고 ¹⁰이 일에 대하여 명령하사 다른 신을 따르지 말라 하셨으나 그가 여호와의 명령을 지키지 않았으므로 ¹¹여호와께서 솔로몬에게 말씀하시되 네게 이러한 일이 있었고 또 네가 내 언약과 내가 네게 명령한 법도를 지키지 아니하였으니 내가 반드시 이 나라를 네게서 빼앗아 네 신하에게 주리라 ¹²그러나 네 아버지 다윗을 위하여 네 세대에는 이 일을 행하지 아니하고 네 아들의 손에서 빼앗으려니와 ¹³오직 내가 이 나라를 다 빼앗지 아니하고 내 종 다윗과 내가 택한 예루살렘을 위하여 한 지파를 네 아들에게 주리라 하셨더라

하나님의 말씀은 솔로몬에게 분명 큰 충격이었을 것입니다. 솔로몬 자신이 고통당할 뿐만 아니라(왕상 11:14~40), 그의 아들의 손에서 왕국을 빼앗아 찢겠다고 하셨기 때문입니다. 그의 우상 숭배 때문에 이스라엘은 수년 뒤에 바벨론의 포로가 될 것입니다. 우상 숭배로 나아가는 어리석음은 이와 같은 일들을

가져옵니다. 자기 자신이 고통당할 뿐만 아니라, 필연적으로 주변 사람들에게도 상처를 줄 수밖에 없습니다.

 Q 어리석음과 이기적인 결정은 어떤 관계가 있습니까? 이기심은 왜 어리석습니까?

슬프게도 솔로몬은 평민처럼 살기로 선택했습니다. 현실적으로 우리는 평민으로 살 수 없습니다. 주님과의 동행은 분명 개인적이지만, 사적인 것은 아닙니다.

사도 바울은 고린도전서 5장에서 온 교회가 자랑스러워하는 듯 보이는 비도덕적인 사건에 관해 언급했습니다. "너희가 자랑하는 것이 옳지 아니하도다 적은 누룩이 온 덩어리에 퍼지는 것을 알지 못하느냐 너희는 누룩 없는 자인데 새 덩어리가 되기 위하여 묵은 누룩을 내버리라 우리의 유월절 양 곧 그리스도께서 희생되셨느니라"(고전 5:6~7).

바울이 무슨 말을 하는지 알겠습니까? 한 사람의 죄가 교회 전체에 스며들었다는 것입니다. 한 사람의 어리석은 결정이 모두에게 영향을 미쳤습니다. 우리도 마찬가지입니다. 어리석은 선택을 한다면, 주변 사람들에게 악영향을 미치게 될 것입니다.

 Q 다른 사람이 현명하게 선택한 덕분에 좋은 영향을 받은 적이 있습니까?

다른 사람이 어리석게 선택한 탓에 부정적인 영향을 받은 적이 있습니까?

3. 가장 지혜로운 왕도 더 큰 지혜가 필요합니다(눅 11:31; 고전 1:30)

이 세션을 시작하면서 우리는 왕을 향한 마음속 갈망에 관해 이야기를 나누었습니다. 우리는 그저 그런 왕이 아니라, 진실과 신의로 통치할 왕을 갈망합니다. 솔로몬으로는 충분하지 않습니다. 그보다 더 위대한 왕이 필요합니다. 우리가 찾던 인물이 신약성경에 있습니다. 예수님이 솔로몬보다 자신이 더 위대하다고 말씀하시는 누가복음의 한 장면을 살펴봅시다.

심판 때에 남방 여왕이 일어나 이 세대 사람을 정죄하리니 이는 그가 솔로몬의 지혜로운 말을 들으려고 땅끝에서 왔음이거니와 솔로몬보다 더 큰 이가 여기 있으며(눅 11:31)

솔로몬이 아무리 위대하다고 해도 더할 나위 없이 위대한 것은 아니었습니다. 그의 뒤로 훨씬 더 위대하신 분이 오고 계셨습니다. 예수님의 지혜는 솔로몬조차 필요로 할 정도입니다. 예수님의 지혜는 어떻게 살아야 할지를 보여 줄 뿐만 아니라 그 자체로 우리에게 생명을 줍니다. 예수님이야말로 우리가 필요로 한 지혜이십니다. 바울은 고린도 교회에 편지할 때 이 점을 염두에 두었습니다.

너희는 하나님으로부터 나서 그리스도 예수 안에 있고 예수는 하나님으로부터 나와서 우리에게 지혜와 의로움과 거룩함과 구원함이 되셨으니
(고전 1:30)

예수님은 그분의 삶과 죽음과 부활을 통해 구원하는 지혜이십니다. 궁극의 지혜는 예수님 안에서만 찾을 수 있습니다.

다른 사람들에게 복음을 전할 때, 우리는 두 가지를 명심해야 합니다.

첫째, 예수님이 모든 지혜의 원천이심을 가리켜 말해야 합니다. 선행은 복음을 돋보이게 하지만, 전도를 대체할 수는 없습니다. 세상은 더 큰 지혜, 즉 구원하는 지혜를 필요로 합니다. 결혼 생활이나 돈 관리에 관한 조언만 필요한 것이 아닙니다. 사람들은 예수님이 필요합니다. 그리스도인이 예수님에 관해 이야기해야만 하는 이유가 바로 이것입니다. 아무리 지혜롭고 강한 사람이라도 예수님 없이는 아무것도 아니라는 사실을 애써 보여 주어야만 합니다(요 15:5). 그분에 관해 할 이야기가 너무나 많습니다. 세상 사람들 앞에 아무리 높여 드려도 모자랍니다. 그분은 위대한 지혜이십니다.

 어떻게 하면 세상의 지혜에 낙담한 불신자들을 섬기고 지원할 수 있을까요?

둘째, 우리는 세상의 지혜가 힘을 발휘하지 못할 때 다른 사람들을 섬길 준비가 되어 있어야 합니다. 잠언은 "소망이 더디 이루어지면 그것이 마음을 상하게 하거니와"(잠 13:12)라고 말합니다. 다시 말해서, 소망과 안전을 바라고 의지하는 것에 따라 우리의 기쁨이 오르락내리락한다는 것입니다. 건강에 소망을 둔 사람이라면, 살이 좀 찌거나 부상을 당하면 기쁨이 줄어들 것입니다.

이 진리를 알면 복음을 전할 때 좀 더 효과적으로 전할 수 있습니다. 사람은 누구나 무언가에 소망을 두기 마련인데, 예수 그리스도가 아닌 다른 것에 소망을 두면 결국 실패하고 말 것입니다.

솔로몬은 자신의 지혜와 부와 권세로 세상을 깜짝 놀라게 했지만, 결국 실패했습니다. 땅의 왕이나 통치자나 권세자는 언제나 우리를 실망시킬 것입니다. 그러므로 그들에게 기대해서는 안 됩니다. 우리는 예수 그리스도를 바라봐야 합니다. 예수님은 어제나 오늘이나 영원토록 동일하신 분이기 때문입니다(히 13:8). 그분은 절대로 우리를 떠나거나 버리지 않으십니다. 그분의 사랑은 변하지 않습니다. 그분의 은혜는 무궁합니다. 그분의 자비는 날마다 새롭습니다. 이것이 세상을 향한 우리의 메시지입니다.

비그리스도인과 만나면, 그들이 가장 바라는 것이나 가장 두려워하는 것을 분별하면서 조심스럽게 경청하십시오. 그들의 기대가 무너지고, 소망이

더뎌진 이야기를 들어주십시오. 그러고 나서 예수님이라면 절대로 그들을 실망시키지 않았을 것이라는 사실을 어떻게 알려 주면 좋을지 생각해 보십시오.

　　예를 들어, 일과 경력에 소망을 둔 사람에게는 예수님이야말로 일해 드릴 가치가 있는 위대한 분임을 보여 주십시오. 그분만이 우리의 창조적인 에너지와 생산성을 받으실 만한 분이기 때문입니다. 자기 아버지에게 인정받기 위해 살아온 사람에게는 예수님이 하나님 아버지의 은총과 사랑을 받기 위해 하신 모든 일을 보여 주십시오. 궁극적으로 세상의 지혜요, 소망이 되시는 주님을 높여 드리라는 뜻입니다. 삶의 모든 영역에서 예수님의 지혜가 으뜸이며, 그분보다 더 영광스럽고 더 아름다운 것은 없습니다.

 믿지 않는 사람이 소망이나 두려움의 문제로 고심하는 데도 예수님에 관해 이야기하는 것을 망설이는 경우가 있습니다. 그 이유는 무엇일까요?

결론

　　이 세션에서 우리는 성경의 가장 위대한 영웅들조차 지혜가 아닌 어리석음을 선택할 수 있다는 것을 배웠습니다. 그들의 실패를 보면서 우리 왕 되시는 예수님께 더욱더 소망을 품게 됩니다. 우리는 솔로몬과 같은 사람들에게서 많은 것을 배우지만, 솔로몬이 주는 모든 지혜로운 잠언과 명언을 통틀어서 그에게서부터 얻을 수 있는 최고의 교훈은 우리에게 예수님이 절실히 필요하다는 사실입니다.

그리스도와의 연결

솔로몬은 통치 시절 번영과 평화로 유명했던 왕입니다. 하지만 불행하게도 그의 통치가 끝나갈 무렵, 솔로몬의 죄 많은 타협이 왕국의 분열을 초래했습니다. 예수님은 땅에 계실 때 "솔로몬보다 더 큰 이가 여기 있다"(눅 11:31)라고 선포하심으로써 자기 자신에 관해 언급하셨습니다. 솔로몬의 죄 많은 선택은 그의 왕국을 분열시켰지만, 그리스도의 의로운 순종은 하나님 백성의 새로운 연합을 가져왔습니다.

> ## 하나님의 계획
> ### 우리의 사명

하나님은 우리가 구원을 얻기 위해 자신의 지혜를 의지하는 것은 어리석다는 사실을 선포하고, 유일한 희망이 되시는 예수님을 높여 드려야 한다고 말씀하십니다.

1. 당신이 하나님과 그분의 사명에 온전히 헌신하지 못하도록 방해하는 어리석은 욕망은 무엇입니까? 그것에서 벗어나 주님을 따르려면 어떻게 해야 할까요?

   _____

   _____

   _____

2. 한 주 동안 가족의 유익을 위해, 소그룹과 교회를 위해, 이웃과 직장 동료를 위해 어떤 지혜로운 결정들을 했습니까?

   _____

   _____

   _____

3. 지인 중에 믿지 않는 사람이 좌절된 소망이나 거대한 두려움으로 힘들어한다면, 그에게 예수님의 지혜를 전할 수 있겠습니까? 그 사람에게 예수님의 지혜를 전할 수 있도록 기도하십시오.

   _____

   _____

   _____

한때 지혜로웠으나 어리석어진 왕

*
금주의 성경 읽기
시 81편; 88편;
92~93편;
대상 7~9장

솔로몬이 인생의 의미를 돌아보다

신학적 주제) 우리 인생은 하나님이 존재하시기 때문에 의미와 목적이 있습니다.

Session 11

전도서는 아마 성경에서 가장 독특한 책일 것입니다. 그런데 왜 이 책이 그렇게 중요할까요? 왜냐하면 나머지 성경 내용이 답하는 질문을 하고 있기 때문입니다. 물어볼 생각을 못했지만, 꼭 물어야만 하는 질문들에 맞닥뜨립니다.

- 인생에는 어떤 의미가 있는가?
- 왜 우리는 여기 있는가?
- 우리가 하는 일은 정말로 중요한가?
- 역사는 어디를 향해 가고 있는가?
- 세상에 정의가 있는가?
- 죽음 너머에는 무엇이 있는가?
- 이따금 일이 의미 없어 보이는 이유는 무엇인가?
- 우리 마음 가장 깊은 곳에 있는 아픔과 갈망을 달랠 수 있는가?

Date . .

Q 오른쪽에 있는 톰 브래디의 말을 읽어보십시오. 이와 비슷한 감정을 표현하는 친구나 이웃에게 어떻게 반응하겠습니까?

_____

_____

_____

_____

> "슈퍼볼 우승 반지가 몇 개인데, 왜 아직도 뭔가 더 위대한 것을 찾느냐고요? 사람들은 제게 이렇게 말할 수 있을 것입니다. '이봐, 친구, 벌써 찾았잖아!' 저는 제 꿈과 목표를 이루었습니다. 하지만 제 생각에는 더 있을 것 같습니다. 그러니까 제 말은 이게 전부일 리가 없다는 것입니다. 아직 뭔가 더 있지 않겠어요?"[1]
>
> _톰 브래디
> 뉴잉글랜드 패트리어츠 쿼터백

이 세션에서 우리는 자신을 솔로몬에 견주어 보고, 그가 했던 것과 같은 질문을 하게 될 것입니다. 우리는 그 질문들에 대한 답을 예수 그리스도의 인격과 사역에서 찾아야 합니다. 하나님이 계심을 알아야 의미 있고, 정의롭고, 목적이 있는 삶을 경험할 수 있습니다. 또한 다른 사람들에게 그리스도를 바라봄으로써 그들 질문에 관한 답을 찾으라고 말할 수 있습니다.

1. 인생에 의미가 있습니까?(전 1:1~11)

[1]다윗의 아들 예루살렘 왕 전도자의 말씀이라 [2]전도자가 이르되 헛되고 헛되며 헛되고 헛되니 모든 것이 헛되도다 [3]해 아래에서 수고하는 모든 수고가 사람에게 무엇이 유익한가 [4]한 세대는 가고 한 세대는 오되 땅은 영원히 있도다 [5]해는 뜨고 해는 지되 그 떴던 곳으로 빨리 돌아가고 [6]바람은 남으로 불다가 북으로 돌아가며 이리 돌며 저리 돌아 바람은 그 불던 곳으로 돌아가고 [7]모든 강물은 다 바다로 흐르되 바다를 채우지 못하며 강물은 어느 곳으로 흐르든지 그리로 연하여 흐르느니라 [8]모든 만물

이 피곤하다는 것을 사람이 말로 다 말할 수는 없나니 눈은 보아도 족함이 없고 귀는 들어도 가득 차지 아니하도다 [9]이미 있던 것이 후에 다시 있겠고 이미 한 일을 후에 다시 할지라 해 아래에는 새것이 없나니 [10]무엇을 가리켜 이르기를 보라 이것이 새것이라 할 것이 있으랴 우리가 있기 오래전 세대들에도 이미 있었느니라 [11]이전 세대들이 기억됨이 없으니 장래 세대도 그 후 세대들과 함께 기억됨이 없으리라

전도서의 서론을 살펴보겠습니다. 솔로몬은 의도한 대로 서론에서 우리의 주의를 끌고 있습니다. 여기서 쓰인 단어들을 보십시오. 비관적이고 불만족스러운 세계관으로 치부할 수 있습니다. 하지만 성령님이 이 말씀으로 성경에 영감을 불어넣으셨습니다. 우리에게는 그것들을 무가치하게 볼 선택권이 없습니다. 그러니 솔로몬이 그랬던 것처럼 우리도 잠시 세상을 바라보며 그가 말한 것의 의미를 찾아봅시다. 그는 세상을 관찰하다가 세 가지 사실을 발견하고 인생이 헛되다는 결론에 이르렀습니다.

첫째, 세상에는 '영원한 것이 없다'는 것입니다(3~4절).

솔로몬은 세상에 영원한 것이 없음을 발견했습니다. 인생은 한 세대가 다른 세대로 넘기기 전에 얼마간 돌리는 무한대의 쳇바퀴와도 같습니다. 아이디어와 혁신이 일어났다가 사라질 뿐 계속되는 것은 없습니다. 성취와 발전이 일어나기도 하지만 세상이 정말 나아지고 있습니까? 솔로몬은 단호하게 '아니오!'라고 대답합니다.

 삶의 무상함과 순간적인 속성을 보여 주는 예는 무엇입니까?

둘째, 세상에는 '생산성이 없다'는 것입니다(5~7절).

다음으로 솔로몬이 언급한 것은 해와 바람과 강물입니다. 그가 보기에 이것들은 아무 성과도 내지 못하는 것 같았습니다. 나중에 솔로몬은 이것을 일상생활에 적용합니다. 하루를 생각해 보십시오. 잠을 자고 일어나 잠자리를 정리하는 일을 매일 반복합니다. 머리카락이 자라면 자르고, 자르면 또 자랍니다.

옷이 더러워지면 세탁을 하는데, 생각해 보면 어차피 다시 더러워질 것입니다.

단조로움은 어디에나 있습니다. 실질적인 성과를 얻지 못하고, 사실상 아무 의미 없는 것들을 내는 삶의 영역이 너무나 많습니다. 그것들의 끝이 있을까요? 솔로몬의 대답은 '없다!'입니다.

 끝없이 반복되지만, 비생산적인 일을 하고 있다고 느낀 적이 있습니까? 어떤 상황이었습니까?

셋째, 세상에는 '진보가 없다'는 것입니다(8-11절).

해 아래에 새로운 것은 없습니다. 눈과 귀를 만족할 만한 것도 전혀 없어 보입니다. 새로운 발명품이나 장치가 나타나기도 하지만 그렇게 만족스럽지는 않습니다. 물론 잠시 즐거움을 주긴 하는데, 앞에서 말한 것과 같은 단조로움과 비영속성을 바꾸지는 못합니다. 세대는 여전히 가고 옵니다. 해는 계속해서 뜨고 집니다. 사람들이 줄을 서서 기다리는 최신 제품은 있는 그대로의 세계를 바꾸는 데 기여하지 못합니다. 그러므로 솔로몬에 따르면, 전부 쓸데없는 일입니다.

삶에서 하나님을 밀어내면, 솔로몬이 묘사한 그대로 현실이 됩니다. 그러나 하나님을 왕이요 존귀한 분으로 삶의 중심에 모신다면, 모든 순간이 의미와 목적으로 가득 차고 우리가 하는 모든 일이 중요해질 것입니다. 예수님이 구원자이시며 진실로 죽은 자 가운데서 다시 살아나 만물을 다스리고 계시다면, 우리가 하는 모든 일이 중요해집니다. 사도 바울은 이렇게 말했습니다. "그러므로 내 사랑하는 형제들아 견실하며 흔들리지 말고 항상 주의 일에 더욱 힘쓰는 자들이 되라 이는 너희 수고가 주 안에서 헛되지 않은 줄 앎이라"(고전 15:58). 그분 없이는 우리가 하는 모든 일이 헛됩니다. 그분과 함께해야 모든 일에 의미와 가치와 목적이 있습니다.

> "우주와 인류에 해당하는 진리는 개개인에게도 진리입니다. … 하나님이 존재하지 않는다면, 당신은 목적 없는 삶을 살라고 목적 없는 우주에 던져진 자연의 우연한 산물일 뿐입니다."[2]
> _윌리엄 레인 크레이그

Q 비관적인 인생관을 가지고 있다는 표시는 무엇입니까?

Q 그리스도를 향한 믿음은 시련을 겪을 때 어떤 도움이 됩니까?

---

2. 세상에 선과 정의가 있습니까?(전 3:16-4:3)

^{16}또 내가 해 아래에서 보건대 재판하는 곳 거기에도 악이 있고 정의를 행하는 곳 거기에도 악이 있도다 ^{17}내가 내 마음속으로 이르기를 의인과 악인을 하나님이 심판하시리니 이는 모든 소망하는 일과 모든 행사에 때가 있음이라 하였으며 ^{18}내가 내 마음속으로 이르기를 인생들의 일에 대하여 하나님이 그들을 시험하시리니 그들이 자기가 짐승과 다름이 없는 줄을 깨닫게 하려 하심이라 하였노라 ^{19}인생이 당하는 일을 짐승도 당하나니 그들이 당하는 일이 일반이라 다 동일한 호흡이 있어서 짐승이 죽음같이 사람도 죽으니 사람이 짐승보다 뛰어남이 없음은 모든 것이 헛됨이로다 ^{20}다 흙으로 말미암았으므로 다 흙으로 돌아가나니 다 한 곳으로 가거니와 ^{21}인생들의 혼은 위로 올라가고 짐승의 혼은 아래 곧 땅으로 내려가는 줄을 누가 알랴 ^{22}그러므로 나는 사람이 자기 일에 즐거워하는 것보다 더 나은 것이 없음을 보았나니 이는 그것이 그의 몫이기 때문이라 아, 그의 뒤에 일어날 일이 무엇인지를 보게 하려고 그를 도로 데리고 올 자가 누구이랴

$^{4:1}$내가 다시 해 아래에서 행하는 모든 학대를 살펴보았도다 보라 학대받는 자들의 눈물이로다 그들에게 위로자가 없도다 그들을 학대하는 자들의 손에는 권세가 있으나 그들에게는 위로자가 없도다 ^{2}그러므로 나는 아직 살아 있는 산 자들보다 죽은 지 오랜 죽은 자들을 더 복되다 하였으며 ^{3}이 둘보다도 아직 출생하지 아니하여 해 아래에서 행하는 악한 일

을 보지 못한 자가 더 복되다 하였노라

우리는 세상 모든 일이 바로잡혀서 제자리로 돌아가기를 소망합니다. 우리도 솔로몬처럼 의로움을 찾다가 사악함을 발견하고 애통해합니다. 평화와 회복을 간절히 바라며, 하나님이 모든 것을 심판해 주시기를 바랍니다(17절).

솔로몬은 하나님이 재판관이시라는 생각에 다소 위안을 얻었던 것 같습니다. 그런데 우리는 그가 알지 못한 것을 알기에 더 큰 위안을 얻을 수 있습니다. 하나님이 죽은 자 가운데서 예수님을 일으키신 것처럼 우리 또한 일으키실 것을 알기 때문입니다. 우리뿐만 아니라 온 피조물이 새롭게 되고 구속될 것입니다. 그분은 모든 눈물을 닦아 내시고, 모든 것을 바로잡으시며, 모든 것을 새롭게 하실 것입니다. 새 하늘과 새 땅을 여실 것입니다. 죄와 사탄과 죽음을 끝장내실 것입니다.

Q 세상의 어떤 불의나 고통에 가장 눈길이 갑니까?

_____

Q 세상의 어떤 불의나 고통에 무관심하게 됩니까?

_____

하나님이 우리를 대신해 행하실 것입니다. 의로움과 정의의 영광을 가져오실 것입니다. 그동안 우리는 베드로의 말을 붙들어야 합니다.

"모든 은혜의 하나님 곧 그리스도 안에서 너희를 부르사 자기의 영원한 영광에 들어가게 하신 이가 잠깐 고난을 당한 너희를 친히 온전하게 하시며 굳건하게 하시며 강하게 하시며 터를 견고하게 하시리라 권능이 세세무궁하도록 그에게 있을지어다 아멘"(벧전 5:10~11).

모든 권능과 권세는 궁극적으로 하나님께 속하므로 주님의 때가 되면 주님이 우

> "창조에 필요한 것은 유기나 진화가 아니라 '구속'과 '갱신'입니다. 이것은 죽은 자 가운데서 다시 사신 예수님의 부활로 약속되고 보장된 것입니다. 온 세상이 고대하는 바입니다."[3]
>
> _톰 라이트

리가 모두 고대해 온 온전함과 평화를 가져오실 것입니다. 하나님이 행하시도록 인내와 끈기로 기다립시다.

 그리스도께서 만물을 새롭게 하신다는 약속을 믿는 믿음이 오늘날 불의에 맞서 싸우거나 고통을 더는 데 어떤 힘을 줍니까?

_____

_____

3. 우리는 무엇을 위해 삽니까?(전 12:9~14)

> ⁹전도자는 지혜자이어서 여전히 백성에게 지식을 가르쳤고 또 깊이 생각하고 연구하여 잠언을 많이 지었으며 ¹⁰전도자는 힘써 아름다운 말들을 구하였나니 진리의 말씀들을 정직하게 기록하였느니라 ¹¹지혜자들의 말씀들은 찌르는 채찍들 같고 회중의 스승들의 말씀들은 잘 박힌 못 같으니 다 한 목자가 주신 바이니라 ¹²내 아들아 또 이것들로부터 경계를 받으라 많은 책들을 짓는 것은 끝이 없고 많이 공부하는 것은 몸을 피곤하게 하느니라 ¹³일의 결국을 다 들었으니 하나님을 경외하고 그의 명령들을 지킬지어다 이것이 모든 사람의 본분이니라 ¹⁴하나님은 모든 행위와 모든 은밀한 일을 선악 간에 심판하시리라

도대체 우리는 무엇을 위해 살아갈까요? 이 질문에 대답하려는 시도는 언제나 있었습니다. 본문은 이 문제와 관련해 셀 수 없이 많은 의견이 제기되었음을 상기시킵니다(12절). 삶과 존재 이유에 관한 모든 다양한 철학과 관점을 생각해 보십시오. 토크쇼, 잡지, 블로그, 웹사이트 등이 어떻게 살아야 하는지에 관한 조언과 충고를 쏟아냅니다. 하지만 인간이 하나님과 계명을 위해 지어졌다는 결론에 다다르지 않는 한, 어떤 조언과 충고도 잘못된 것이니 마땅히 거부해야 합니다. 모든 인간은 자신이 하나님을 위해 지어졌음을 마음속 깊이 알고 있습니다.

로마서 1장에 따르면, 모든 사람은 하나님에 관한 지식을 가지고 있습니다. 문제는 진리를 알지 못하고, 지식이 부족한 것이 아니라 진리를 은폐하는 것에 있습니다. 바울은 이렇게 말했습니다.

"하나님을 알되 하나님을 영화롭게도 아니하며 감사하지도 아니하고 오히려 그 생각이 허망하여지며 미련한 마음이 어두워졌나니 스스로 지혜 있다 하나 어리석게 되어 썩어지지 아니하는 하나님의 영광을 썩어질 사람과 새와 짐승과 기어 다니는 동물 모양의 우상으로 바꾸었느니라"(롬 1:21~23).

이것은 인간에 관한 냉정한 논평입니다. 하나님은 우리로 하여금 그분을 알게 하시고, 그분의 방법대로 행하게 하셨지만, 우리는 주님을 피하고 자기 나름의 즐거움과 의미를 만들어 내려고 애씁니다. 우리가 왜 여기에 있는지 본질적으로 알고 있으면서도 진리대로 행하기를 거절합니다.

핵심교리 99   1. 일반 계시

일반 계시는 자신의 창조를 통해(시 19편), 또한 사람의 양심을 통해(롬 2장) 스스로 드러내시는 하나님과 관련이 있습니다. 일반 계시를 통한 하나님에 관한 지식이 제한적인 이유는 오직 하나님과 그분의 성품에 관한 일반적인 지식만 전달해 주기 때문입니다. 우주의 광대함과 정교함을 바라봄으로써 하나님의 전지전능을 인식하거나, 선악을 분별하는 타고난 감각을 들여다봄으로써 우주에는 도덕법을 주시는 분이 계심을 알 수 있습니다. 일반 계시는 어떻게 하나님을 아는지 혹은 구원을 받을 수 있는지를 이해하는 데는 충분하지 않지만, 불의로 하나님의 진리를 억누른 것에는 책임이 뒤따른다는 정도의 지식은 얻을 수 있습니다.

Q "사람은 왜 사는가?"라는 질문에 세상은 어떤 답을 내놓습니까?

그리스도인으로서 우리는 세상에 희망을 줄 엄청난 사실을 알고 있습니다. 우리는 우리가 왜 여기에 있는지 알고 있습니다! 왜 이 땅에서 살아가는지 알고 있습니다. 궁극적인 의미와 목적에 닿을 길을 알고 있습니다. 우리에게는 풍성한 생명과 넘치는 기쁨을 주러 오신 생명의 구세주가 계시기 때문입니다 (요 10:10; 15:11).

세상에 아이디어나 정보나 철학을 제시하는 것이 아닙니다. 죽었다가 다시 살아나신 한 분을 소개하는 것입니다. '예수'라는 이름의 통치자 안에 있는 살아 있는 소망과 생명수와 생명의 빵을 제공하는 것입니다.

그리스도 안에서만 우리의 존재 이유를 발견할 수 있습니다.

Q 인생에 관한 심오한 질문들에 대해 예수님은 어떤 방법으로 세상보다 나은 답을 주십니까?

_____

_____

_____

> "그리스도 안에서, 오직 그리스도 안에서만 발견하는 지식과 지혜를 무심하거나 경솔하거나 무례하게 다루어서는 안 됩니다. 예수 그리스도의 얼굴에 비친 하나님 영광의 지식의 광채(고후 4:4~6)는 무한한 가치를 지닌 보물입니다. 깊이 생각하고, 매일 기도하십시오. 그 부유함을 차지하십시오. 그것을 더러움으로부터 보호하십시오. 그 신비로움에 빠져 보십시오. 모든 세속적인 재물과 인간적인 지혜와 물질적인 소득보다 귀중히 여기십시오."[4]
>
> _샘 스톰즈

결론

이 세션에서 우리는 성경이 곤란한 질문을 회피하지 않는다는 사실을 알게 되었습니다. 하나님은 우리가 세상의 의미와 목적과 정의에 관한 문제와 씨름하기를 원하십니다. 그렇게 할 때, 이들 질문이 기독교의 유일성과 구세주 예수 그리스도의 영광을 보도록 돕는다는 것을 알게 될 것입니다. 결국, 세상 사람들의 심오한 질문에 답을 찾고자 할 때, 주변 문화에 더욱 정통하게 됩니다. 세상이 절실히 필요로 하는 소망을 담대하면서도 매력적으로 소개합시다.

그리스도와의 연결

전도서는 예수 그리스도 안에서만 찾을 수 있는 삶의 질문을 던집니다. 사도 바울은 예수님의 부활이 없다면, 우리 믿음이 헛되고 죄 사함도 없으리라고 선언했습니다(고전 15:17). 하지만 부활이 있으므로 우리 삶에 의미와 목적과 소망이 있습니다.

**하나님의
계획**
우리의 사명

하나님은 우리에게 동시대 문화에서 사람들이 제기하는 질문들을 찾고, 그것들에 복음으로 답하라고 말씀하십니다.

1. 사람들이 비관적인 인생관을 갖게 되는 이유는 무엇일까요?. 그럼에도 불구하고 복음은 어떤 의미와 목적과 소망을 줍니까?

_____

_____

_____

2. 어떻게 하면 우리 소그룹/교회가 예수님의 이름으로 지역 사회의 고통을 덜어 줄 수 있을까요?

_____

_____

_____

3. '하나님을 경외하고, 계명을 지키기' 위해 당신 삶을 어떻게 바꾸겠습니까?

_____

_____

_____

솔로몬이 인생의 의미를 돌아보다

*
금주의 성경 읽기
삼하 5:1~6:23;
대상 11~16장;
시 133편

욥이 고난의 딜레마를 경험하다

신학적 주제) 하나님은 우리가 고난을 겪을 때 그 이유를 알려 주시지는 않지만, 자기 자신을 내어 주십니다.

Session 12

산다는 것은 고통스러운 일입니다. 문제는 우리가 고통을 겪느냐 겪지 않느냐가 아니라, 고통에 어떻게 반응하느냐입니다. 고난 덕분에 하나님께 나아가겠습니까? (고난이 우리를 주님께 이끌도록 말입니다.) 아니면 고난 때문에 하나님에게서 멀어지겠습니까? (고난이 하나님과의 관계를 방해하도록 놔두고 말입니다.)

구약성경의 지혜문학 가운데 고통과 고난에 관한 고전으로 꼽히는 욥의 이야기가 있습니다. 성경에 익숙하지 않은 사람들조차 이 이야기의 기본 구조는 알고 있을 것입니다. 욥은 모든 것을 빼앗기고도 하나님을 향한 믿음을 저버리지 않았습니다. 신약성경은 인내와 오래 참음의 모범으로 욥을 꼽습니다(약 5:10~11). 욥은 고난으로 하나님께 나아갔고, 고난을 통해 하나님과 그분이 쓰시는 방법에 관해 더 깊이 이해할

> "성경에서 하나님의 모습은 고난당하는 자이십니다. 삶에 쓰인 가면이 벗겨져서 세세하고도 엄청난 인생의 비참함을 보게 될 때, 우리를 조롱하지 않는 유일한 이는 고통당하고 슬퍼하시는 하나님뿐이십니다."[1]
> _오스왈드 챔버스

Date . .

수 있었습니다.

 삶의 시련에 관한 질문을 해 본 적이 있습니까? 그리스도인이 이런 종류의 질문을 하는 것이 잘못되었다고 생각합니까? 그렇거나 그렇지 않은 이유는 무엇인가요?

_____

_____

이 세션에서 우리는 욥의 삶에 나타난 고난의 딜레마를 살펴볼 것입니다. 욥의 이야기는 "선한 사람이 왜 고난을 당하는가?"라는 질문을 던집니다. 그리고 그 답을 찾는 방법을 분별할 수 있는 통찰력을 제공합니다. 욥의 고난은 악의 문제에 대한 궁극적인 해답이 예수 그리스도의 구속적 고난과 새로워질 세상의 약속임을 지적해 줍니다. 예수님을 따르는 사람이라면 다른 사람들과 나란히 걸으며 그들의 고통을 덜어주기 위해 노력해야 합니다.

1. 선한 사람이 왜 고난을 당합니까?(욥 1:6~12, 20~22)

> 6하루는 하나님의 아들들이 와서 여호와 앞에 섰고 사탄도 그들 가운데에 온지라 7여호와께서 사탄에게 이르시되 네가 어디서 왔느냐 사탄이 여호와께 대답하여 이르되 땅을 두루 돌아 여기저기 다녀왔나이다 8여호와께서 사탄에게 이르시되 네가 내 종 욥을 주의하여 보았느냐 그와 같이 온전하고 정직하여 하나님을 경외하며 악에서 떠난 자는 세상에 없느니라 9사탄이 여호와께 대답하여 이르되 욥이 어찌 까닭 없이 하나님을 경외하리이까 10주께서 그와 그의 집과 그의 모든 소유물을 울타리로 두르심 때문이 아니니이까 주께서 그의 손으로 하는 바를 복되게 하사 그의 소유물이 땅에 넘치게 하셨음이니이다 11이제 주의 손을 펴서 그

의 모든 소유물을 치소서 그리하시면 틀림없이 주를 향하여 욕하지 않 겠나이까 ¹²여호와께서 사탄에게 이르시되 내가 그의 소유물을 다 네 손 에 맡기노라 다만 그의 몸에는 네 손을 대지 말지니라 사탄이 곧 여호와 앞에서 물러가니라

이 장면 뒤에 욥은 모든 것을 잃게 됩니다. 그때 그는 어떻게 반응했을까요?

²⁰욥이 일어나 겉옷을 찢고 머리털을 밀고 땅에 엎드려 예배하며 ²¹이르 되 내가 모태에서 알몸으로 나왔사온즉 또한 알몸이 그리로 돌아가올지 라 주신 이도 여호와시요 거두신 이도 여호와시오니 여호와의 이름이 찬 송을 받으실지니이다 하고 ²²이 모든 일에 욥이 범죄하지 아니하고 하나 님을 향하여 원망하지 아니하니라

Q 욥의 반응을 보고 그의 성품을 묘사해 보십시오(참조, 욥 1:20~22).

욥의 이야기는 의로운 사람에게도 나쁜 일이 생길 수 있다는 것을 보여 줍니다. 욥에게 닥친 모든 비극에 직면해 보지 않아도 우리는 그 고통이 어떨지 짐작할 수 있습니다. 욥의 이야기는 선한 사람이 왜 고난을 당하는지에 관한 질문에는 답을 주지 않지만, 몇 가지 방향을 제시해 줍니다. 욥의 고난과 관련 해 명심해야 할 세 가지가 있습니다.

첫째, 욥이 고난을 당한 것은 하나님이 그에게 화가 나셨기 때문이 아닙 니다.

고난을 하나님의 진노의 표시로 보는 것은 그리스도인이 받는 가장 큰 유혹 가운데 하나입니다. 우리는 종종 하나님을 되갚으시는 분이라고 생각합 니다. 하지만 욥의 이야기는 하나님의 분노가 고난의 원인이 아님을 일깨워줍 니다(참조, 욥 1:8).

게다가 우리는 예수님이 십자가에서 모든 죄의 형벌을 지신 것을 알고 있

습니다. 예수님은 우리를 위해 하나님의 진노를 감당하셨습니다(요일 2:2). 하나님이 우리를 징계하시는 것은 당연합니다. 그러나 히브리서 저자는 "하나님이 아들과 같이 너희를 대우하시나니"(히 12:7)라고 말합니다. 하나님은 우리를 대적으로 취급하시는 게 아니라 아들과 딸로 대우해 주십니다. 사랑하므로 징계하시는 것입니다(히 12:5~7; 참조, 잠 3:11~12). 이것이 하나님이 사탄에게 욥을 맡기신 이유입니다. 하나님은 욥을 기뻐하셨습니다.

둘째, 욥이 고난을 당한 것은 그가 죄를 지었기 때문이 아닙니다.

우리는 고난을 당하면, 그동안 자신이 저질렀던 특정한 죄나 불순종했던 일들을 떠올립니다. 그리고 벌을 받아 마땅하다고 생각합니다. 도저히 극복할 수 없을 것 같아 보이는 죄 하나를 떠올리고, 그것을 고난을 당하는 이유로 받아들입니다. 신학은 너무나 자주 이렇게 말합니다. "선한 일을 하면 복을 받고, 악한 일을 하면 저주를 받는다."

> "오늘날 그리스도인의 핵심층으로 부름받은 자들은 순교자 콤플렉스를 가진 이들이 아니라, 하나님을 영화롭게 하는 지혜와 은혜로 불리한 상황도 극복해 내는 매력적이고 습관적이며 기분 좋은 자기희생 속에서 일상을 살아가는 자들입니다."[2]
> _로버트 야르브로

그러나 욥의 이야기는 전혀 다른 면을 보여 줍니다(참조, 욥 1:1, 22). 의인도 고난을 당합니다. 사도 바울은 사역 중에 심한 괴로움을 겪었지만 그것이 그에게 깊은 기쁨의 근원이 되었다고 고백했습니다(골 1:24~25). 예수님의 생애를 들여다봐도 고난과 죄가 언제나 관련된 것은 아님을 알 수 있습니다. 예수님은 죄가 없으신 분이었지만, 전 생애에 걸쳐 조롱과 우롱과 거절을 당하셨습니다.

셋째, 욥이 고난을 당한 것은 그의 믿음을 드러내기 위해서입니다.

성경은 고난에 관해 이야기할 때, 종종 용광로 이미지를 사용합니다(벧전 4:12). 찌꺼기나 불순물을 제거할 목적으로 금과 은과 귀금속을 불에 던져 넣습니다. 하나님은 우리 믿음도 그렇게 하십니다. 믿음을 더 잘 드러낼 수 있도록 고난과 시련의 용광로 속에 우리를 던져 넣으십니다. 믿음을 방해하는 모든 것을 제거하고, 우리에게 진짜 필요한 것은 주님임을 보여 주십니다. 세상과 자신을 의지하지 않고, 주님을 더 신뢰할 수 있도록 도우십니다. 우리의 믿음이 성숙하도록 우리의 앞길에 시련을 주시는 하나님이심을 믿어야 합니다.

Q 고난당하던 때를 돌아보십시오. 하나님이 그것을 통해 당신을 어떻게 이끄셨습니까?

Q 고난이 영적 성장을 위한 효과적인 수단인 이유는 무엇입니까?(참조, 약 1:2~4)

2. 욥이 친구들의 잘못된 조언에 답했습니다(욥 16:1~5, 18~22)

욥의 처지가 알려지자, 그의 친구들이 현장에 나타나 충고와 위로를 건넸습니다. 그러나 불행하게도 친구들의 말은 하나님께 분노가 되고, 욥에게는 쓸모없는 답이 되었습니다. 그들의 잘못된 조언에 욥이 어떻게 반응했는지 보십시오.

¹욥이 대답하여 이르되 ²이런 말은 내가 많이 들었나니 너희는 다 재난을 주는 위로자들이로구나 ³헛된 말이 어찌 끝이 있으랴 네가 무엇에 자극을 받아 이같이 대답하는가 ⁴나도 너희처럼 말할 수 있나니 가령 너희 마음이 내 마음 자리에 있다 하자 나도 그럴듯한 말로 너희를 치며 너희를 향하여 머리를 흔들 수 있느니라 ⁵그래도 입으로 너희를 강하게 하며 입술의 위로로 너희의 근심을 풀었으리라 … ¹⁸땅아 내 피를 가리지 말라 나의 부르짖음이 쉴 자리를 잡지 못하게 하라 ¹⁹지금 나의 증인이 하늘에 계시고 나의 중보자가 높은 데 계시니라 ²⁰나의 친구는 나를 조롱하고 내 눈은 하나님을 향하여 눈물을 흘리니 ²¹사람과 하나님 사이에와 인자와 그 이웃 사이에 중재하시기를 원하노니 ²²수년이 지나면 나는 돌아오지 못할 길로 갈 것임이니라

이 이야기는 우리 삶에서 좋은 우정이 얼마나 절실한지를 보여 줍니다. 공동체 안에서 고난을 겪을 필요가 있습니다. 욥을 찾아온 심술 맞은 위로자들과 달리, 고난을 당할 때 에워싸 줄 좋은 친구들이 필요합니다. 함께 짐을 지

고 비바람을 견디며 동행해 줄 친구들이 필요합니다.

Q 고난당하는 그리스도인이 흔히 남용하는 진부한 표현이나 문구에는 어떤 것들이 있습니까?

_____

Q 섣불리 조언하는 것을 경계해야 하는 이유는 무엇입니까?

_____

잠언서는 좋은 우정의 중요성을 계속해서 보여 줍니다. 좋은 친구들을 얻기 위해서는 두 가지 일을 해야 하는데, 욥에게서 그 실마리를 찾을 수 있습니다.

첫째, 먼저 좋은 친구가 되어 주어야 합니다.

욥은 자신이라면 친구들과 반대되는 말을 했을 것이라고 말했습니다. 실제로 그는 친구를 돕기 위해 노력했을 것입니다(욥 16:5). 진정한 친구를 사귀려면 먼저 진정한 우정을 나누어야 합니다.

둘째, 좋은 우정을 나누려면 진정한 친구를 찾아야 합니다.

욥은 "사람과 하나님 사이에와 인자와 그 이웃 사이에 중재하시기를 원하노니"(21절)라고 말했습니다. 우리가 알고 있는 것을 욥도 알았더라면 얼마나 좋았을까요? 우리는 하나님과 사람 사이에 서서 우리를

> "변화를 위한 하나님의 사역의 핵심은 관계입니다. 그것은 필수 수단이자 멋진 목표입니다. 겸손한 공동체는 그리스도인의 삶이라는 케이크에 발린 생크림이 아닙니다. 진정한 의미로 진짜 케이크입니다."[3]
>
> _티모시 레인 & 폴 데이비드 트립

위해 간청하는 분이 계심을 압니다. 친구를 위해 간청하는 이처럼 말입니다. 예수 그리스도가 바로 그분이십니다. 그분이 바로 우리의 진정한 친구이십니다. 그분은 이렇게 말씀하셨습니다. "사람이 친구를 위하여 자기 목숨을 버리면 이보다 더 큰 사랑이 없나니"(요 15:13). 우리는 예수님이 필요합니다.

Q 당신이 고난을 겪을 때, 친구들이 어떻게 격려하며 도와주었습니까?

3. 하나님이 욥과 친구들에게 말씀하셨습니다(욥 40:1~5; 42:7~9)

고난을 당할 때, 우리는 하나님께 많은 질문을 던지게 됩니다. "왜 하필 저입니까?", "제가 뭘 잘못해서 이런 일이 일어났습니까?", "하나님을 사랑하는 자에게 왜 고통을 주십니까?", "사랑의 하나님이 어떻게 이런 일을 허락하실 수 있습니까?" 선하고 사려 깊은 대답이 필요한 질문들입니다. 우리가 욥에게서 배우는 것은 고난의 때에 우리에게 가장 필요한 것은 '하나님'이라는 사실입니다.

> ^{40:1}여호와께서 또 욥에게 일러 말씀하시되 ²트집 잡는 자가 전능자와 다투겠느냐 하나님을 탓하는 자는 대답할지니라 ³욥이 여호와께 대답하여 이르되 ⁴보소서 나는 비천하오니 무엇이라 주께 대답하리이까 손으로 내 입을 가릴 뿐이로소이다 ⁵내가 한 번 말하였사온즉 다시는 더 대답하지 아니하겠나이다

> ^{42:7}여호와께서 욥에게 이 말씀을 하신 후에 여호와께서 데만 사람 엘리바스에게 이르시되 내가 너와 네 두 친구에게 노하나니 이는 너희가 나를 가리켜 말한 것이 내 종 욥의 말같이 옳지 못함이니라 ⁸그런즉 너희는 수소 일곱과 숫양 일곱을 가지고 내 종 욥에게 가서 너희를 위하여 번제를 드리라 내 종 욥이 너희를 위하여 기도할 것인즉 내가 그를 기쁘게 받으리니 너희가 우매한 만큼 너희에게 갚지 아니하리라 이는 너희가 나를 가리켜 말한 것이 내 종 욥의 말같이 옳지 못함이라 ⁹이에 데만 사람 엘리바스와 수아 사람 빌닷과 나아마 사람 소발이 가서 여호와께서 자기들에게 명령하신 대로 행하니라 여호와께서 욥을 기쁘게 받으셨더라

욥의 이야기는 놀라운 결말을 맺습니다. 그는 고난을 통해 하나님의 능력과 선하심에 대한 더 큰 비전을 받았습니다. 욥은 주님을 피고석에 앉히고 비난할 수 있는 사람은 아무도 없음을 깨달았습니다. 그는 광대하신 하나님의 영광에 비해 자신이 얼마나 작은지 알았습니다. 그뿐만 아니라 깊고 깊은 하나님

의 선하심을 보았습니다. 주님은 욥이 자기 친구들을 대신해 드린 기도를 받으시고, 진노를 거두셨습니다.

 Q 고난 가운데 있는 사람에게 정말 필요한 것이 하나님의 능력과 인격에 대한 더 큰 이해인 까닭은 무엇입니까?

우리는 욥에게서 고통과 시련에 관한 하나님의 두 가지 중요한 진리를 배웁니다.

첫째, 하나님만이 하나님이시고, 우리는 하나님이 아닙니다.

고난은 적어도 우리가 하나님이 아님을 알게 해 줍니다. 또한 삶이 우리 통제 아래 있지 않음을 깨닫게 해 줍니다. 다윗은 "나의 앞날이 주의 손에 있사오니"(시 31:15)라고 고백했습니다. 하나님은 우리 길을 인도하시고, 우리의 날을 결정하시는 분입니다. 서구 소비주의 사회는 대부분 자기 인생을 스스로 계획하는 데 익숙합니다. 하지만 주님은 우리가 아니라 하나님이 모든 것을 계획하신다는 사실을 우리 삶의 일들을 통해 일깨워 주십니다. 욥은 이 사실을 잘 알고 있었습니다.

둘째, 하나님은 고난 가운데 있는 우리에게 다가오십니다.

핵심교리 99 | **31. 악의 문제**

많은 무신론자가 하나님이 전능하고 사랑이 충만하며 전지하시다면, 오늘날 인간이 알고 있는 것과 같은 악은 세상에 존재할 수 없었을 것이라고 주장합니다. 그들은 세상에 악이 존재하므로 하나님도 존재할 수 없다고 말합니다(혹은 하나님이 존재한다고 해도 선하지도, 전능하지도 않을 것이라고 말합니다). 그러나 하나님의 존재를 부인하는 논쟁으로 악에 호소하는 것은 잘못입니다.

첫째, 세상의 좋지 않은 것들에 대해 분노하는 것은 '선한' 도덕적 기준을 전제로 하는데, 이러한 기준은 하나님과 분리될 수 없기 때문입니다.

둘째, (비록 우리는 모를지라도) 하나님께는 악과 고통을 잠시 허용하는 합당한 이유가 있으실 것이기 때문입니다. 하나님의 성품과 목적을 안다면, 그리스도인은 악의 한가운데서도 하나님이 모든 것을 합력하여 선을 이루도록 역사하고 계심을 확신하고 안식할 수 있습니다(롬 8:28).

하나님은 욥에게 자신을 알려 주셨습니다.

하나님은 우리에게 다가오시는 분입니다. 이것을 단적으로 보여 주는 예
가 바로 예수님의 죽음과 부활입니다.

하나님은 고난당하는 우리를 위해 자기 아들을 대신 내어 주셨습니다.
그분의 고난은 우리가 고난 중에 홀로 있지 않으며, 언젠가는 그분이 모든 고난
을 끝내시리라는 사실을 일깨워 줍니다. 이것은 우리의 위대한 희망이자 세상
에 증거해야 할 복음입니다.

Q 하나님은 하나님이시고, 나는 하나님이 아니라는 사실을 어떤 식으로 일깨워 왔습니까?

Q 당신이 고난 가운데 있을 때, 하나님이 어떻게 다가오셨습니까?

결론

욥의 여정은 고되면서도 아름답습니다. 욥은 너무나 심한 고통을 받았
고, 그것을 견디느라 고되었습니다.

그런가 하면, 아름답기도 합니다. 하나님이 욥을 도우러 오셔서 자신을
계시하시고 그로 인해 욥을 회복시키시는 방식이 우리에게 희망과 용기를 줍니
다. 우리는 하나님이 우리를 떠나지도, 버리지도 않으실 것을 압니다. 심지어 하
나님은 자기 백성에게 최선을 바라신다는 것을 일깨우기 위해 자기 아들을 우
리에게 내어 주실 것입니다.

그리스도와의 연결

욥은 고난 가운데서 하나님과 자신 사이에 서 줄 누군가, 즉 중보자를 갈망
했습니다. 예수님은 죄를 지으신 적이 없는데도, 인간의 죗값을 치르고 지
상의 고통을 끝내기 위해 고통당하신 중보자이십니다.

**하나님의
계획**
우리의 사명

하나님은 우리에게 고난당하는 사람들의 모든 질문에 답하는 것
이 아니라, 하나님의 위대하신 사랑을 확신하게 해 줌으로써 그들
을 위로하라고 말씀하십니다.

1. 어떻게 하면 고난 가운데서도 사람들에게 복음을 전할 수 있을까요?

   _____

   _____

   _____

2. 예수 그리스도를 통한 하나님과의 우정은 다른 사람들을 위로하는 데 어떤 도움이 됩
   니까?

   _____

   _____

   _____

3. 어떻게 하면 우리 소그룹/교회/공동체에서 고통받고 있는 사람들을 위로할 수 있을
   까요?

   _____

   _____

   _____

욥이 고난의 털레마를 경험하다

✳

**금주의 성경 읽기
시 15편;
23~25편;
47편; 89편;
96편;
100~101편;
107편**

하나님의 백성이 시편으로 노래하다

신학적
주제
) '경배'란 하나님의 말씀과 사역과 언약에 감사함으로 하나님께
영광을 드리는 일입니다.

Session
13

오늘날 우리는 시편으로 기도하고 찬양하는 법을 잊어버린 세대입니다. 아마도 교회 역사상 처음으로 시편이 개인적인 헌신이나 공동 예배의 기초로 쓰이지 않는 시대일 것입니다. 그 때문에 초대교회를 비롯

"시편은 건강한 그리스도인의 삶에 흐르는 꾸준하고 한결같은 저류입니다."[1]

_톰 라이트

한 이전 시대 그리스도인들과 보조를 맞추지 못하게 되었습니다. 사도들은 구약의 어떤 책들보다 시편을 더 많이 인용했습니다. 그들에게는 당대 사람들의 기도서에 담긴 운율과 시와 신학이 풍부했습니다.

Q 당신에게 가장 친숙한 시편은 몇 편입니까?

_____

Q 그것들을 어떻게 접하고, 어떻게 사용했습니까?

_____

Date   .   .

구약성경 이야기의 흐름을 잠시 멈추겠습니다. 하나님의 언약 백성은 오랜 시간에 걸쳐 시편을 썼습니다. 다윗 왕이 다수를 썼고, 다른 왕들도 일부를 썼으며, 모세도 한 편을 썼고, 아삽도 여러 편을 썼습니다. 시편의 목적은 하나님이 백성을 위해 하신 위대한 일들을 기념하기 위한 것입니다. 어떤 시편은 찬양에 초점이 맞추어져 있습니다. 또 세상의 악 때문에 부르짖거나, 죄를 고백하거나, 장차 오실 메시아를 가리키는 시편도 있습니다.

이 세션에서 우리는 시편 세 편을 간략히 살펴볼 것입니다. 첫 번째 시편 (1편)은 모든 시편의 무대가 되며, 하나님의 말씀을 기뻐하는 백성의 모습을 보여 줍니다. 두 번째 시편(100편)은 시편이 어떻게 하나님을 찬양하고 그분이 행하신 일에 감사하는지를 보여 줍니다. 세 번째 시편(110편)은 모든 일을 바로잡으러 오실 메시아를 가리켜 보여 줍니다. 시편을 읽고 기도하고 노래할 때, 우리는 그분의 위대한 이름을 찬양하며 삶을 예배로 드리는 하나님 백성과 일체감을 느낍니다.

1. 하나님의 백성은 그분의 말씀을 기뻐합니다(시 1편)

[1]복 있는 사람은 악인들의 꾀를 따르지 아니하며 죄인들의 길에 서지 아니하며 오만한 자들의 자리에 앉지 아니하고 [2]오직 여호와의 율법을 즐거워하여 그의 율법을 주야로 묵상하는도다 [3]그는 시냇가에 심은 나무가 철을 따라 열매를 맺으며 그 잎사귀가 마르지 아니함 같으니 그가 하는 모든 일이 다 형통하리로다 [4]악인들은 그렇지 아니함이여 오직 바람에 나는 겨와 같도다 [5]그러므로 악인들은 심판을 견디지 못하며 죄인들이 의인들의 모임에 들지 못하리로다 [6]무릇 의인들의 길은 여호와께서 인정하시나 악인들의 길은 망하리로다

시편 1편을 공부하고 묵상하면 할수록 이것이 궁극적으로 기쁨에 관한 노래임을 깨닫게 됩니다. 단순히 바른 교리를 배우라거나, 바른 규칙을 따르라거나, 올바른 일을 하라는 교훈이 아닙니다. 예배와 기쁨에 관한 내용입니다. 시편이 가르치는 것은 주님 안에서 만족을 발견하는 법입니다. 시편 1편은 복 있는 신자는 주님의 가르침에서 기쁨을 발견하는 자라고 주장합니다. 생각의 선택이 아닌 마음의 기쁨에 관한 것입니다.

최근 저희 동네에 이슬람 사원이 세워졌습니다. 그곳에는 언제나 사람들이 가득 차 있었습니다. 얼마 전 성도가 없어 주일 저녁 예배를 계속 이어가야 할지 없애야 할지 고심하는 목사님과 이야기를 나누게 되었습니다. 이슬람 사원에는 늘 사람들이 북적이는데, 교회는 그렇지 않다고 생각하니 마음이 무거워졌습니다. 우리는 어디서 기쁨을 찾고 있는 걸까요? 믿는 자로서 서로에게 헌신한다는 것은 무엇일까요?

Q 하나님의 말씀을 연구하거나 예배에 참여할 때, 의무감에서 하는 것과 기쁨으로 하는 것에는 어떤 차이점이 있습니까?

_____

_____

_____

Q 시편 1편은 왜 하나님의 말씀을 '기뻐하는 것'에 초점을 두었을까요?

_____

_____

_____

시편 1편은 하나님의 말씀을 기뻐하는 신자의 모습을 그리고 있는데, 이 기쁨은 어쩌다 얻게 된 것이 아닙니다. 일상에서 반복함으로써 형성된 것입니다. 시편 저자는 '밤낮으로' 하나님의 말씀을 묵상하니

> "성경을 묵상하는 행위는 성경을 즐거워하는 기질을 따르는 것입니다."[2]
> _조나단 리먼

다. 다시 말해서 하나님의 말씀을 기뻐하는 것은 우연히 일어나는 일이 아니라는 것입니다. 의도적인 선택과 준비 과정이 필요합니다.

시편은 일상생활의 동반자입니다. 시편은 단순한 스트레스 해소법 그 이상입니다. 시편은 우리에게 하나님과 그분의 구원을 다시 가르쳐 줍니다. 주님을 기뻐하며 그분의 길로 행하도록 돕습니다. 주님을 기뻐하지 않고서는 그분의 길로 행할 수 없습니다. 주님을 기뻐하기에 주님의 길을 걷고, 그분의 길로 행함으로써 우리 기쁨이 주 안에 있음을 나타냅니다. 또한 우리는 열매 맺기를 원하므로 주님께 집중합니다. 자기 자신을 위해 물질적 번영을 얻으려는 게 아니라, 하나님 나라를 위해 열매 맺는 풍요롭고 영적인 삶을 살고 싶은 것입니다.

Q '하나님의 말씀을 기뻐하는 것'과 '하나님을 기뻐하는 것'은 어떤 관계가 있습니까?

_____

_____

_____

2. 하나님의 백성은 그분의 성품과 하신 일을 기념합니다
(시 100편)

[1] 온 땅이여 여호와께 즐거운 찬송을 부를지어다 [2] 기쁨으로 여호와를 섬기며 노래하면서 그의 앞에 나아갈지어다 [3] 여호와가 우리 하나님이신 줄 너희는 알지어다 그는 우리를 지으신 이요 우리는 그의 것이니 그의 백성이요 그의 기르시는 양이로다 [4] 감사함으로 그의 문에 들어가며 찬송함으로 그의 궁정에 들어가서 그에게 감사하며 그의 이름을 송축할지어다 [5] 여호와는 선하시니 그의 인자하심이 영원하고 그의 성실하심이 대대에 이르리로다

시편 100편은 "감사함으로 그의 문"과 "찬송함으로 그의 궁정"에 들어가도록 마음을 준비하는 고전적인 예시입니다. 찬양은 준비가 되었을 때만 해

야 한다는 이미지를 전하지 않는다는 데 주목하십시오. 백성들은 성전에 들어서면서부터 마음과 영혼으로 찬양했습니다.

저희 할아버지는 예배가 시작되기 45분 전에 도착해서 정신을 가다듬고 마음을 준비하셨습니다. 예배 드리기 전에 먼저 준비되어 있어야 한다는 것을 아셨기 때문입니다. 그런데 아이들과 함께 예배에 참석하는 저희 부부에게는 준비하는 것이 어려운 일입니다. 더욱이 모두가 제시간에 준비를 마치기란 현실적으로 불가능합니다. 저희 부부는 늘 같은 문제에 부딪치지만, 우리 마음과 아이들의 마음을 준비하는 데 도움이 될 만한 삶의 리듬을 찾기 위해 최선을 다하고 있습니다. 준비는 그 사람과 그 사람이 처한 상황에 따라 다를 수 있습니다. 그러나 준비해야 하는 것은 분명합니다.

> **핵심교리 99** **89. 예배**
>
> 예배를 하나의 행사나, 찬양을 부르는 모임 정도로 과소평가하는 사람이 많습니다. 그러나 예배는 심령에 관계된 것으로 삶의 모든 영역으로 확대되는 것입니다. 예배의 목적과 초점은 하나님에게 있으며, 하나님께 합당한 찬양과 경배를 드리는 것입니다. 그리스도인은 개인의 삶 가운데서 예배를 드려야 합니다. 그리고 다른 그리스도인들과 함께 모여서도 하나님을 예배하며 그분의 영광을 위해 자기 재능을 사용해야 합니다. 함께 드리는 예배는 그리스도인들의 덕을 세우고 그들을 굳세게 할 뿐만 아니라, 믿지 않는 사람들에게도 하나님의 위대하심을 증거하는 역할을 합니다.

Q 시편 기자는 마음에서부터 찬양하고 감사하면서 예배에 참석하는 것에 관해 말했습니다. 하나님을 찬양하는 것처럼 '느껴지지' 않을 때는 어떻게 해야 할까요?

_____

_____

Q 하나님을 향한 마음이 냉랭해진 것 같을 때는 어떻게 해야 할까요?

_____

_____

이것은 하나님의 성품과 사역을 기념하는 시편입니다. 모든 시편과 마찬가지로 하나님에 관한 우리의 견해를 형성해 줍니다.

기억은 예배의 주요 목적 중 하나입니다. 슬픈 시편들조차 하나님과 그분의 약속을 상기시킵니다. 하나님이 말씀하시고 행하신 것을 사람들에게 상기시키기 위해 시편 기자가 선택한 방법이 바로 기억입니다. 우리는 성만찬을 기념합니다. 왜 기념합니까? 우리가 교회 주차장을 떠나기도 전에 벌써 십자가와 부활이 일어나지 않은 듯 살기 때문입니다. 사람이 예배를 드리는 행위는 하나님께 응답하는 것으로서 이것이 우리를 만들어 가고 우리의 관심을 제자리에 두게 해 줍니다.

Q 어떻게 하면 시편을 통해 주중에도 하나님의 은혜를 기억할 수 있을까요?

_____

_____

_____

Q 하나님의 신실하심을 계속해서 기억하는 것은 영적인 삶에 어떤 영향을 미칠까요?

_____

_____

_____

시편 100편은 영화로우신 하나님과 그분의 놀라운 창조라는 큰 그림을 새롭게 보여 줍니다. 우리 사회는 '자립'하고 '자족'하기를 권면합니다. 그런데 시편 100편은 '자립한 사람'과 '하나님께 의지하는 사람'의 차이를 보여 줍니다. 하나님이 우리를 다스리신다는 사실을 상기시키는 것입니다. 우리 시대는 그분께 속했습니다. 모든 예배는 인류가 아름다우면서도 연약하다는 사실에 몰두합니다. 즉 하나님의 형상대로 지음 받았으나 (아름다우면서도) 타락했고, 죄로 인해 죽을 운명이 되

> "시편이 내게 소중한 이유는 다윗을 춤추게 한 기쁨과 같은, 하나님을 향한 기쁨을 표현한다는 데 있습니다."[3]
>
> _C. S. 루이스

었다는 것입니다(연약합니다).

시편 100편은 우리 마음을 고양시키며, 피조물들에서 눈을 돌려 창조주를 바라보게 합니다. 하나님을 향한 애정을 북돋우며 세상 그 무엇보다 영광스러우신 하나님을 바라보도록 인도합니다. 간증은 예배에서부터 흘러나옵니다. 그러나 또한 예배는 간증의 일부이기도 합니다! 우리가 하나님을 향해 사랑을 나타내면, 이방인들도 하나님의 아름다움에 사로잡힌 우리를 보고 스스로 하나님 보기를 열망하게 될 것입니다.

> "우리는 시편을 어떻게 하나님의 말씀으로 이해할 수 있는지를 물어야만 시편으로 기도할 수 있습니다. 이 기도는 우리 마음을 시편이 적절히 표현해 주는가와 상관이 없습니다. 우리는 자기 마음과 상반되는 기도도 드릴 수 있어야 합니다. 무엇을 기도하고 싶은가는 중요하지 않습니다. 하나님이 기도하기 원하시는 것이 무엇인가가 중요합니다."[4]
>
> _디트리히 본회퍼

Q '하나님의 역사를 기념하는 것'과 '하나님의 사역에 참여하는 것'은 어떤 관계가 있습니까?

_____
_____
_____

3. 하나님의 백성은 장차 오실 메시아를 고대합니다(시 110편)

[1]여호와께서 내 주에게 말씀하시기를 내가 네 원수들로 네 발판이 되게 하기까지 너는 내 오른쪽에 앉아 있으라 하셨도다 [2]여호와께서 시온에서부터 주의 권능의 규를 내보내시리니 주는 원수들 중에서 다스리소서 [3]주의 권능의 날에 주의 백성이 거룩한 옷을 입고 즐거이 헌신하니 새벽 이슬 같은 주의 청년들이 주께 나오는도다 [4]여호와는 맹세하고 변하지 아니하시리라 이르시기를 너는 멜기세덱의 서열을 따라 영원한 제사장이라 하셨도다 [5]주의 오른쪽에 계신 주께서 그의 노하시는 날에 왕들을 쳐서 깨뜨리실 것이라 [6]뭇 나라를 심판하여 시체로 가득하게 하시고 여

러 나라의 머리를 쳐서 깨뜨리시며 ⁷길 가의 시냇물을 마시므로 그의 머리를 드시리로다

시편 110편에는 해석해야 할 것이 너무 많아서 모두 풀어내기에는 지면이 모자랍니다! 꼭 기억해야 할 것은 시편이 우리 관심을 예수님께로 향하게 한다는 것입니다. 이 시편의 초창기 독자들은 메시아가 오심을 고대하면서 이것을 읽었을 것입니다. 오늘날 우리는 이것을 읽을 때, 과거 예수님의 사역과 미래에 다시 오실 예수님을 생각합니다.

예수님을 가리키는 많은 시편이 심판의 요소를 담고 있습니다. 하나님이 다시 오셔서 "뭇 나라를 심판하여 시체로 가득하게 하시고 여러 나라의 머리를 쳐서 깨뜨리시며"(6절)라는 구절을 묵상해 보십시오.

하나님의 심판을 이처럼 즐겁고 기쁘게 맞이하는 예를 찾기 어렵지만, 이것이 우리에게 낯설게 다가오는 것은 아마도 우리가 불의한 지도자들이 백성을 압제하는 사회가 어떠한지 잘 모르기 때문일 것입니다. 불의를 맛본다면 정의로운 세상을 갈망할 것입니다. 우주의 공의로운 심판관이신 하나님이 세상에 공의를 베푸실 때 신원해 주실 것입니다. 그래서 시편 기자처럼 우리도 "예, 주님, 오셔서 열방을 심판해 주십시오!"라고 말하며, 전에 십자가에 못 박혔다가 우리 죄를 위해 돌아가시고 새 생명으로 승천하신 예수님이 바로 우주의 심판관이심을 기억할 것입니다.

Q 우리 마음의 소망이 하나님의 마음에 일치된 기도를 하는 데 시편이 어떻게 도움이 됩니까?

_____

_____

_____

결론

시편은 예수님이 즐겨 쓰시던 찬송가 책이었습니다. 예수님은 제자들과 함께 시편을 노래하기도 하셨고(막 14:26), 구약의 다른 어떤 책보다 시편을 많이 인용하기도 하셨습니다. 그러나 시편은 단순히 예수님의 것이라기보다 그분에 관한 책입니다.

시편에서 그리스도를 발견할 수 있음이 얼마나 좋은지요! 그리스도 안에 있는 우리에게는 그분의 찬송가책이 곧 우리의 책입니다. 우리는 그분에 관해 노래하고 그분께 노래하며, 천천히 그러나 확실히 그분을 닮아 갑니다. 시편을 무시하지 마십시오. 시편은 우리에게 예수님을 보여 줍니다.

> *"심판관을 향해 눈을 들고 보십시오. 앉아 계신 이가 누구이며 누구와 함께 어디에 앉아 계십니까?, 누구와 함께 어디에 앉아 계시는지 보십시오. 그리스도께서 아버지의 오른편에 앉아 계십니다."*[5]
>
> _암브로시우스

그리스도와의 연결

시편은 삶의 다양한 범위를 다룹니다. 우리는 시편을 통해 주의 선하심과 은혜를 찬양하고, 죄를 고백하며, 이 세상의 깨어짐을 슬퍼합니다. 예수님은 이 땅에 오셔서 세상의 고통과 깨어짐을 어깨에 지시고, 그분의 백성과 함께 시편을 부르셨습니다. 그러나 예수님은 시편을 노래하실 뿐만 아니라 시편을 궁극적으로 드러내는 왕이십니다.

하나님의 계획 우리의 사명	하나님은 우리에게 모든 피조물과 함께 하나님과 그분이 행하신 일을 찬양하고, 다른 이들도 왕을 찬양하는 데 동참할 수 있도록 메시아를 전하라고 말씀하십니다.

1.   어떻게 하면 시편 독서를 매일 일정의 우선순위로 둘 수 있을까요?

_____

_____

_____

2.   예배는 복음을 증거하는 데 어떤 영향을 미칩니까?

_____

_____

_____

3.   이 세션에서 다룬 시편 중 한 편을 선택해 그 시편의 목적과 표현을 살려 기도문을 작성해 보십시오. 하나님이 믿지 않는 사람들의 마음속에서 일하셔서 그들이 믿음으로 예수님을 바라보고 예배에 참여할 수 있도록 요청하는 데 초점을 두십시오.

_____

_____

_____

하나님의 백성이 시편으로 노래하다

*
금주의 성경 읽기
삼하 7~9장;
대상 17~18장;
시 1~2편; 33편;
127편; 132편

appendix

사무엘의 생애

청년

- 한나와 엘가나에게서 기적적으로 태어남 (삼상 1:20)
- 한나가 서원한 대로 젖을 떼고 여호와께 바쳐짐 (1:23~28)
  - 여호와 앞에서 자람(2:21)
  - 점점 자라서 여호와와 사람들에게 은총을 받음 (2:26)
- 처음으로 여호와의 말씀을 들음(3:1~14)
  - 자라서 여호와가 그와 함께하시므로 여호와의 선지자로 인정됨(3:19~4:1)

사사

- 백성을 위해 언약 갱신을 수행함(7:2~6)
- 사는 날 동안 이스라엘을 다스림(7:15)

왕을 세운 자

- 늙어서 자기 아들들을 사사로 삼았지만, 그들은 악했음(8:1~3)
  - 모든 나라와 같이 왕을 세워 달라는 이스라엘의 요구를 듣고 하나님의 응답을 전함(8:4~22)

사울

- 사울에게 기름을 부어 이스라엘을 다스리는 자로 삼음(10:1)
- 사울을 왕으로 선포하는 기념식을 이끔(10:17~25)
- 사울을 왕으로 인준하는 기념식을 이끔(11:14~15)
- 사사 시대에서 왕정 시대로 이행하는 마지막 고별사를 함(12:1~25)
  - 백성에게 신실하게 언약을 지키라고 요구함
  - 백성을 위해 평생 중보하며 가르치겠다고 약속함
- 전투가 벌어지기 전에 번제를 드리러 도착했으나 이미 사울이 제사를 드림(13:10~12)

- 사울을 책망함: "왕의 나라가 길지 못할 것이라" (13:13~14)
- 아말렉을 완전히 진멸하라는 명령을 전했으나 사울이 이를 따르지 않음(15:1~9)
  - 사울을 책망함: "이스라엘 나라를 왕에게서 떼어 왕보다 나은 왕의 이웃에게 주셨나이다" (15:12~31)
- 아말렉 사람의 왕 아각을 처형함(15:32~33)

다윗

- 다윗을 이스라엘의 왕으로 기름 부음(16:1~13)
- 사울 왕에게 쫓기는 다윗을 만나 보호함(19:18)
- 사울이 죽으니 온 이스라엘이 슬피 욺(25:1)
- 사울의 요구로 신접한 자를 통해 영으로 불려 올려짐(28:11~19)
  - 나라가 다윗에게 주어질 것이라고 예견함
  - 블레셋 사람들과의 전투에서 사울이 패하고 죽으리라 예견함

- **선지자**: 여호와의 말씀을 백성에게 전하고, 그가 예언한 모든 것을 여호와께서 성취하심 (3:19~20)
- **제사장**: 여호와의 전에서 섬기며 백성을 위해 제사를 드림(3:3; 7:17; 10:8)
- **사사**: 이스라엘 백성을 이끌어 언약을 지키게 하고, 블레셋 사람에게서 백성을 건짐 (7:2~17)

왕국에서 예수님 바라보기

구약	신약
여호와 땅의 만물을 소유하신 영광의 왕(시 24편)	**인자** 모든 열방을 다스리시는 영광의 왕(마 25:31~46)
사무엘 점점 자라서 여호와와 사람들에게 은총을 받음 (삼상 2:26)	**예수님** 지혜와 키가 자라가며 하나님과 사람들에게 더욱 사랑스러워지심(눅 2:52)
사울 하나님께 불순종해 스스로 제사를 지냄 (삼상 15장)	**예수님** 하나님께 순종해 자신을 희생 제물로 드림 (히 10:5~10)
다윗 외모는 특출나지 않지만, 하나님이 선택하신 왕 (삼상 16:6~13)	**예수님** 외모는 특출나지 않지만, 하나님의 의로운 종 (사 52:13~53:12)
다윗 여호와의 이름으로 골리앗을 이김(삼상 17:45)	**예수님** 여호와의 이름으로 우리를 죄에서 구하심 (마 21:9; 롬 10:13)
요나단 친구 다윗을 위해 자기 목숨을 검 (삼상 19:4~7; 20:27~34)	**예수님** 친구들을 위해 자기 목숨을 내어 주심 (요 15:12~14)
다윗의 아들 하나님의 이름을 위해 집을 짓게 됨(삼하 7:13)	**다윗의 자손** 예수님의 육체가 지성소(요 2:21)
솔로몬 하나님이 아버지가 되어 죄를 징계해 주실 아들 (삼하 7:14; 왕상 11장)	**하나님의 아들** 죄를 알지 못하신 예수님이 우리 죄를 위해 대신 죽으심(벧전 2:21~25)
지혜 풍요로운 삶을 위해 하나님이 주신 통찰력 (잠 1:1~7)	**예수 그리스도** 우리의 구원을 위해 하나님으로부터 나온 지혜 (고전 1:30)
성전 하나님의 이름을 위한 처소(왕상 5:5)	**참된 성전** 인간–예수님, 하나님의 아들(요 2:13~22)
욥 사람과 하나님 사이에 중재자가 있기를 바람 (욥 16:18~22)	**예수님** 하나님과 사람 사이의 유일한 중보자 (딤전 2:5)

부록 2

다윗의 적

다윗의 적	적의 위협	다윗의 행위	하나님의 예비
사자/곰	다윗의 양 떼에서 새끼 양을 물어감(삼상 17:34)	양을 보호하기 위해 쳐 죽임(삼상 17:35~36)	여호와께서 다윗을 사자와 곰의 발톱에서 건져내심(삼상 17:37)
골리앗	살아계신 하나님의 군대를 모욕함(삼상 17:8~10, 26)	물매와 돌로 무너뜨림. 그를 밟고 골리앗의 칼로 그를 죽임(삼상 17:48~51)	여호와께서 골리앗을 다윗에게 넘기심(삼상 17:45~47)
사울 왕	다윗을 자신의 창과 군대로 죽이려 함(삼상 18~26장)	사울에게서 도망침. 두 번이나 자신을 삼가 여호와께서 기름 부으신 왕을 죽이지 않음(삼상 24:26)	여호와께서 사울의 손에서 다윗을 건지심(삼하 12:7)
블레셋 사람들	다윗 왕을 죽이러 옴(삼하 5:17~18)	전쟁으로 블레셋을 무찌름(삼하 5:20~25)	여호와께서 블레셋 사람을 다윗에게 넘기심(삼하 5:19, 24)
다윗 자신	간음과 살인을 저질러 여호와께 죄를 지음(삼하 11장)	나단 선지자 앞에서 자신의 죄를 고백하고 회개함(삼하 12:1~13)	여호와께서 다윗의 죄를 없애심. 다윗이 죽지는 않지만, 그의 집에서 반역이 일어날 것임(삼하 12:10~14)
압살롬, 다윗의 아들	아버지를 죽이고 왕좌를 빼앗기 위해 반역함(삼하 15:1~14)	자신을 여호와의 은총과 심판에 맡긴 채 예루살렘을 탈출함(삼하 15:25~26)	여호와께서 압살롬을 멸망시키시고 다윗의 왕좌를 회복시켜 주심(삼하 17:14)

부록
3

지혜 문학

지혜 문학	문제	목적	관련된 신약 성경	예수님 암시
욥기	• 프롤로그와 에필로그는 이야기체 • 책 내용의 대부분은 시적 대화로 구성됨	• "악의 문제"에 대한 영적 통찰력 제공: 우리가 고통 가운데서도 "주를 경외"하면 하나님이 다스리시고 영광을 받으신다는 것 (욥 28:28)	• 야고보서 5:11 • 욥은 고통을 신실하게 견딘 사례	• 악의 문제에 대한 최종적인 대답이 예수님의 십자가 죽음에서 발견됨 • 의인으로서 불의한 자를 대신해 우리를 하나님 앞으로 인도하심 (벧전 3:18)
시편	• 히브리어 시들의 모음집 • 찬양, 감사, 탄원, 신뢰, 지혜, 제왕시 등	• 하나님의 백성이 어떤 형편에서도 "여호와를 경외함"(시 111:10)으로 나아가도록 인도하는 찬양과 믿음의 시적인 표현	• 에베소서 5:19 • 골로새서 3:16 • 시편이 하나님 경배와 서로에 대한 격려의 일부가 됨	• 시편 22편(예수님의 십자가 죽음), 시편 16편(부활), 시편 110편(승천과 재림) 등
잠언	• 확장된 지혜의 시 • 연관성 없는 잠언들이 길게 이어지는 구성, 일반적인 규칙, 절대적인 약속은 아님	• 하나님이 창조하신 세상에서 성공적으로 살아가기 위한 긍정적이고 부정적인 원칙, 주로 "여호와를 경외"할 필요성(잠 1:7)을 제시함	• 히브리서 12:5~7 (잠 3:11~12) • 야고보서 4:6 (잠 3:34) • 베드로전서 4:8 (잠 10:12) • 로마서 12:20 (잠 25:21~22)	• 모든 지혜와 지식은 만물을 창조하시고 만물을 붙들고 계시는 예수 그리스도 안에서 발견됨(골 1:15~17, 2:3)
전도서	• 시와 산문의 혼합물 • "해 아래" 혹은 하나님에게서 떨어진 인생에 대한 공공연한 비관론	• "인생의 의미는 무엇인가?"라는 질문에 대한 답변 • 정답은 "하나님을 경외하고 그의 계명을 지키는 것"(전 12:13)	• 누가복음 12:15~21 • 예수님의 어리석은 부자 비유가 전도서와 같은 맥락: 우리는 하나님 안에서 부유해야지, 자신을 위해 보물을 쌓아두어서는 안 됨	• 하나님을 경외하는 것은 그분과 그분이 보내신 이, 즉 예수님을 아는 것(요 17:3) • 우리는 예수님께 순종하고 다른 이들도 순종하도록 가르쳐야 함 (마 28:18~20)
아가서	• 전부 히브리 시로 구성됨 • 신부와 신랑과 "친구들"의 합창이 등장	• "남편과 아내는 관계의 성적인 차원을 즐겨야 하는가?"라는 질문에 대한 답변	—	• 그리스도와 그분의 신부인 교회의 더 위대한 관계를 묘사함 (엡 5:22~33)

부록 4

성전

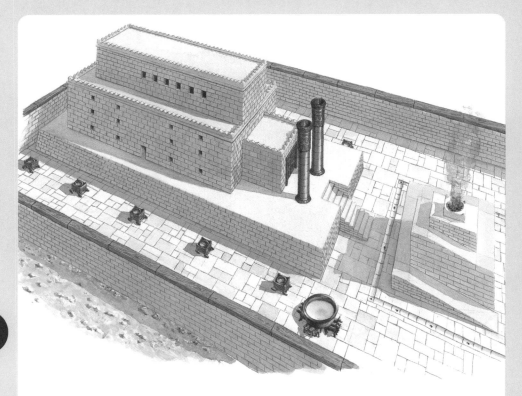

	하나님의 이름	하나님의 임재	하나님의 사명
성전	솔로몬은 이스라엘의 하나님, 여호와의 이름을 위해 성전을 지음(왕상 5:5; 8:20)	하나님이 영원히 거하시도록 지어진 처소로서 하나님의 영광이 가득함(왕상 8:10~13)	여호와를 찾는 이방인을 위한 장소로서 세상 모든 백성이 여호와만이 하나님이심을 알 수 있게 함(왕상 8:41~43, 60)
예수님	하나님과 함께 계셨고, 하나님이셨던 말씀이 육신이 되어 우리 가운데 머무셨던 분, 하나님의 아들(요 1:1, 14)	아버지의 독생자로서 영광으로 오셨고, 은혜와 진리가 충만하며, 우리에게 아버지를 계시하심(요 1:14, 18)	자신의 희생적인 죽음과 부활에 대해 말씀하시면서 자기 육체를 가리켜 성전이라고 하심(요 2:19~22)
교회	그리스도이신 살아계신 하나님의 아들 예수님께 속해 있으며, 무엇을 하든 말로나 행위로나 주 예수님의 이름으로 행해야 함(마 16:16~19; 골 3:17)	살아계신 하나님의 지성소로 하나님의 성령을 통해 성화로 나아가도록 부름을 받음(고전 3:16; 고후 6:16~18)	아버지가 아들을 보내신 것처럼 우리도 하나님의 성령을 받고 하나님의 사명을 위해 보냄을 받음(요 20:21~23)

만왕의 왕

적들과 싸워 이기실 어린양이시며, 그분의 이름은 "충신", "진실", "하나님의 말씀", "만왕의 왕", "만주의 주"이시다(계 17:14; 19:11~16)

사울 "키는 모든 백성보다 어깨 위만큼 더 컸더라"(삼상 9:2; 10:23~24)

	선함	악함
*베냐민 지파 *기스의 아들 •30세에 이스라엘의 왕이 됨 •42년간 통치 •블레셋과 전투에서 아들들과 함께 죽음(삼상 31:1~13)	•하나님의 영이 임하셔서 예언함 (삼상 10:9~10) •하나님의 영이 임하셔서 이스라엘 백성을 지킴(11:6~11) •주님이 승리를 보장하심(11:13) •용감하게 싸워 이스라엘의 적들을 물리침(14:47~48)	•사무엘을 기다리는 대신 어리석게도 스스로 제사를 드림(삼상 13:3~15) - 주님이 그의 통치는 영원하지 못하고 다른 이, 바로 하나님 마음에 합한 자에게 주어질 것이라고 선포하심 •아말렉 족속을 온전히 멸망시키라는 명령에 순종하지 않음(15:7~31) - 주님은 그를 왕의 자리에서 폐하셨고, 주님의 영은 그를 떠나심 •다윗을 질투해 수차례 그를 죽이려 함 (18:8~11; 19:9~10; 24:1~22; 26:1~25) •블레셋과의 전투에서 이길 수 있는지 영매자의 조언을 구함(28:1~25)

> 사울은 자신의 죄를 대면한 순간조차도 자부심, 질투, 주님 말씀에 대한 불순종을 드러냈다. 그의 왕국은 그에게서 잘려나가 그보다 나은 이에게 주어졌다. 왜냐하면 그는 주님의 말씀을 거부했기 때문이다.

부록 6

다윗 "하나님 마음에 합한 자"(삼상 13:14; 16:7, 12)

	선함	악함
*유다 지파 *이새의 아들 •30세에 이스라엘의 왕이 됨 •40년 간 통치 •모든 적으로부터 안식을 얻고 평화의 시기에 죽음 (왕상 2:10~11)	•주님의 영이 다윗에게 임하심(삼상 16:13) •주님의 영광을 위해 골리앗을 무찌름(17:45~51) •이스라엘의 적들과 싸워 전투에서 승리함(18:5) •사울이 주님의 기름 부음을 받은 자이기 때문에 두 번이나 살려주며, 자신에 대한 여호와의 계획을 신뢰함 (24:1~22; 26:1~25) •하나님의 이름을 위해 성전을 짓고 싶어함(삼하 7:1~7; 왕상 8:18) •요나단의 아들 므비보셋에게 은혜를 베품(삼하 9:1~13)	•밧세바와 간음하고 그 남편 우리아를 살해함 (삼하 11:1~27) •싸울 수 있는 장정들의 인구 조사를 명령함 (24:1~10)

> 다윗은 이스라엘의 통치자, 하나님 백성의 목동이었다. 주님은 다윗을 위해 집을 지어주시고 그의 왕위를 영원히 굳건히 하시겠다는 언약을 맺어 주셨다. 그의 아들은 하나님의 성전을 지었고, 하나님은 그를 아들처럼 여기셔서 신실하게 사랑하시고 잘못할 때 훈육하셨다. 다윗은 죄를 짓고 이를 지적받았을 때 자신의 죄를 인정하고 주님의 훈육에 완전히 복종했다.

만왕의 왕

솔로몬 "솔로몬의 지혜"(왕상 3:4-15; 4:29-34)

*유다 지파	선함	악함
*다윗의 아들 •40년간 통치 •주님이 그에 대적해 일으키신 적들로부터 어려움을 겪다가 죽음 (왕상 11:41~43)	•하나님의 백성을 인도하기 위해 하나님께 지혜를 간구함(왕상 3:4~15) •하나님의 이름을 위해 성전을 지음 (5:1~6:38) •하나님의 영광을 위해 자신의 지혜를 과시함(4:29; 5:7; 10:1~9)	•700명의 아내와 300명의 첩을 두니, 이들이 그의 마음을 돌이켜 우상을 섬기게 함(왕상 11:1~8) - 주님이 대적자들을 일으켜 그를 훈육하셨고 그의 아들에게서 나라 대부분을 빼앗아 그의 종에게 주심(11:9~40)

솔로몬은 다윗 언약의 복을 그대로 받았다. 그의 보좌는 지혜와 정의로 굳건히 세워졌고, 하나님이 말씀하신 대로 그가 직접 성전을 지었다. 이 왕과 왕국의 지혜와 번성은 여호와의 위대함을 열방에 드러내는 표징이였다. 그러나 그는 돌이켜 우상을 섬기게 되었다. 그 결과 주님은 그를 훈육하셨고, 그의 아들에게서 왕국이 나뉘었다. 그럼에도 하나님은 다윗에게 주신 언약 때문에 한 지파만은 그에게 남겨두셨다.

예수님 "고운 모양도 없고 풍채도 없은즉 우리가 보기에 흠모할 만한 아름다운 것이 없도다"(사 53:2)
"다윗의 자손, 다윗의 주"(마 22:41~45)
"솔로몬보다 더 큰 이"(눅 11:31)

•아브라함과 다윗의 자손(마 1:1)

•하늘과 땅의 모든 권세를 받으심 (마 28:18)

•예수님은 진정한 하나님의 아들로 아버지의 기쁨이셨다(마 3:17)
•아버지에게 온전히 순종하시고 심지어 죄인들을 구원하시기 위해 십자가에서 죽으셨으며(빌 2:8), 자신이 진정한 다윗의 자손으로 영원한 그분의 나라가 약속된 메시아임을 입증하셨다(눅 1:30~33)
•자기 양을 위해 자기 목숨까지 내놓는 진정한 목자이시며(요 10:11~18), 죽은 자 가운데서 부활하신 진정한 성전이시다(요 2:19~22). 만왕의 왕이요, 만주의 주시다(계 19:16)

주 / 1

Session 1

1. Ed Stetzer and Philip Nation, eds., "The Lord Reigns," in *The Mission of God Study Bible* (Nashville: B&H, 2012), 596.
2. Michael W. Goheen, *A Light to the Nations* (Grand Rapids: Baker, 2011), 55.
3. Colt McCoy and Matt Carter, *The Real Win* (New York: Multnomah, 2013), 34.
4. E. Y. Mullins, *The Christian Religion in Its Doctrinal Expression* (Philadelphia: Roger Williams Press, 1917), 293.
5. Matthew Henry, *A Commentary on the Whole Bible*, vol. 2 (New York: Revell), 324
6. Robert Grant, "O Worship the King," in *Baptist Hymnal* (Nashville: LifeWay Worship, 2008), 24.

Session 2

1. Oswald Chambers, in *The Quotable Oswald Chambers*, comp. and ed. David McCasland (Oswald Chambers Publications Association, 2008), 176.
2. Gregory the Great, *Pastoral Care*, 2.6, quoted in *Joshua, Judges, Ruth, 1-2 Samuel*, ed. John R. Franke, vol. IV in *Ancient Christian Commentary on Scripture: Old Testament* (Downers Grove: IVP, 2005), 256.
3. John Owen, *The Mortification of Sin* (Carlisle, PA: Banner of Truth, 2008 reprint), 68-69.
4. Augustine, *Against Faustus, A Manichaean*, 22.67, quoted in *Joshua, Judges, Ruth, 1-2 Samuel*, ed. John R. Franke, vol. IV in *Ancient Christian Commentary on Scripture: Old Testament*, 258.

Session 3

1. D. A. Carson, *For the Love of God*, vol. 1 (Wheaton: Crossway, 2006), 25.
2. Trevin Wax, *Holy Subversion* (Wheaton: Crossway, 2010), 127.
3. Henry Blackaby, *Experiencing God Dayby-Day* (Nashville: B&H, 1998), 290.
4. Dirk Philips, *Concerning Spiritual Restitution*, in *Early Anabaptist Spirituality: Selected Writings*, trans. and ed. Daniel Liechty (New York: Paulist, 1994), 236.
5. Paulinus of Nola, *Poems*, 26:150, quoted in *Joshua, Judges, Ruth, 1-2 Samuel*, ed. John R. Franke, vol. IV in *Ancient Christian Commentary on Scripture: Old Testament*, 273.

Session 4

1. Helen Keller, quoted in *Expository Eureka*, by Diana Tham (Singapore: Marshall Cavendish, 2013) [eBook].
2. Timothy Keller with Kathy Keller, *The Meaning of Marriage* (New York: Dutton, 2011), 95. 《팀 켈러, 결혼을 말하다》(두란노, 2014), 125.
3. Augustine, Sermon 385.4, quoted in *Late Have I Loved Thee: Selected Writings of Saint Augustine on Love* (New York: Vintage Books, 2006), 400.
4. R. Kent Hughes, *Disciplines of a Godly Man* (Wheaton: Crossway, 2001), 66.

Session 5

1. Nancy Guthrie, *The Son of David* (Wheaton: Crossway, 2013), 161.
2. Christopher J. H. Wright, *Knowing Jesus Through the Old Testament* (Downers Grove: IVP, 2014), 97.
3. Michael Williams, *How to Read the Bible Through the Jesus Lens* (Grand Rapids: Zondervan, 2012), 46.
4. Richard F. Lovelace, *Renewal as a Way of Life* (Eugene, OR: Wipf and Stock Publishers, 1985), 41.
5. Augustine, *City of God*, 17.12, quoted in *1-2 Corinthians*, ed. Gerald Bray, vol. VII in *Ancient Christian Commentary on Scripture: New Testament* (Chicago: Fitzroy Dearborn, 1999), 162.

Session 6

1. Trevin Wax, "The Gospel and Repentance," LifeWay Pastors [online], 12 May 2015 [cited 8 October 2015]. Available from the Internet: www.lifeway.com.

Session 7

1. Daniel Goleman, *Emotional Intelligence* (New York: Bantam, 2006).
2. Thomas R. Schreiner, *The King in His Beauty* (Grand Rapids: Baker, 2013), 288.

주 / 2

3. Martin Luther, in *What Luther Says*, comp. Ewald M. Plass (Saint Louis: Concordia Publishing House, 1959), 1453.

4. George Whitefield, "An Exhortation to the People of God Not to Be Discouraged in Their Way, by the Scoffs and Contempt of Wicked Men," in *Sermons on Important Subjects* (London: Henry Fisher, Son, and P. Jackson, 1828), 606.

SESSION 8

1. Jay E. Adams, *The Christian Counselor's Commentary* (Woodruff, SC: Timeless Texts, 1997), 2.

2. Ambrose, *Six Days of Creation*, 1.4.12, quoted in *Proverbs, Ecclesiastes, Song of Solomon*, ed. J. Robert Wright, vol. IX in *Ancient Christian Commentary on Scripture: Old Testament* (Downers Grove: IVP, 2005), 7.

3. David K. Stabnow, in *HCSB Study Bible* (Nashville: B&H, 2010), 1035, n. 3:11-12.

4. Jonathan Leeman, "Wisdom," *The Gospel Project: Adult Leader Guide* (Winter 2012–13): 113.

Session 9

1. "Vision," Burj Khalifa [online], 2015 [cited 19 October 2015]. Available from the Internet: www.burjkhalifa.ae.

2. Michael Bird, *Evangelical Theology* (Grand Rapids: Zondervan, 2013), 717.

3. C. S. Lewis, *Letters to Malcolm: Chiefly on Prayer* (San Diego: Harvest, 1964), 4–5, quoted in "The perfect church service," Tolle Lege [online], 14 November 2009 [cited 19 October 2015]. Available from the Internet: tollelege.wordpress.com.

Session 10

1. J. R. R. Tolkien, *The Return of the King* (New York: Ballantine, 1983), 274.

2. D. A. Carson, *The God Who Is There* (Grand Rapids: Baker, 2010), 83.

3. John Wesley, "Sermon LXXXIII: On Spiritual Idolatry," vol. 2 in *The Works of the Reverend John Wesley*, ed. John Emory (New York: B. Waugh and T. Mason, 1835), 188.

Session 11

1. Daniel Schorn, "Transcript: Tom Brady, Part 3," CBS News [online], 5 November 2005 [cited 20 October 2015]. Available from the Internet: www.cbsnews.com.

2. William Lane Craig, *Reasonable Faith* (Wheaton: Crossway, 2008), 76-77.

3. N. T. Wright, *Surprised by Hope* (San Francisco: HarperCollins, 2008), 107.

4. Sam Storms, *The Hope of Glory: 100 Daily Meditations on Colossians* (Wheaton: Crossway, 2007), 154.

Session 12

1. Oswald Chambers, in *The Quotable Oswald Chambers*, comp. and ed. David McCasland (Grand Rapids: Discovery House, 2008), 282.

2. Robert Yarbrough, "Christ and Crocodiles: Suffering and the Goodness of God in Contemporary Perspective," in *Suffering and the Goodness of God*, eds. Christopher W. Morgan and Robert A. Peterson (Wheaton: Crossway, 2008), 31.

3. Timothy S. Lane and Paul David Tripp, *How People Change* (Greensboro: New Growth Press, 2008), 78.

Session 13

1. N. T. Wright, *The Case for the Psalms* (New York: HarperCollins, 2013), 23.

2. Jonathan Leeman, "Psalms: Songs for New Creation Hearts," *The Gospel Project: Adult Leader Guide* (Winter 2012–13): 96.

3. C. S. Lewis, *Reflections on the Psalms* (New York: Harcourt Inc., 1986), 45.

4. Dietrich Bonhoeffer, *Psalms: The Prayer Book of the Bible* (Minneapolis: Augsburg Fortress, 1970), 14–15.

5. Ambrose, On the Christian Faith, 2.12.102, quoted in Psalms 51-150, ed. Quentin F. Wesselschmidt, vol. VIII in Ancient Christian Commentary on Scripture: Old Testament (Downers Grove: IVP, 2007), 263.